De Sarajevo à Sarajevo

L'échec yougoslave

Collection
du Centre d'études et de recherches internationales
de la Fondation nationale des sciences politiques

ISBN 2-87027-466-1
D/1638/1992/43

Sous la direction
de
Jacques Rupnik

De Sarajevo à Sarajevo
L'échec yougoslave

Espace international

EDITIONS COMPLEXE

SUR LES AUTEURS

Jacques Rupnik est chercheur à la Fondation nationale des sciences politiques (CERI), auteur notamment de *L'Autre Europe,* 1990 et *Le Nouveau Continent,* 1991.

Natacha Rajakovic prépare une thèse de doctorat à l'Institut d'études politiques de Paris sur le nationalisme en Yougoslavie et participe au groupe de recherche sur l'Europe de l'Est du CERI.

Stevan K. Pavlowitch est professeur d'histoire des Balkans à l'Université de Southampton, auteur notamment de *The Improbable Survivor, Yugoslavia and its problems 1918-1988,* 1988 et de *Yugoslavia's Great Dictator,* 1992.

Joseph Krulic est agrégé d'histoire et ancien élève de l'Ecole nationale d'administration, auteur de plusieurs articles sur la Yougoslavie.

Sommaire

LES POPULATIONS

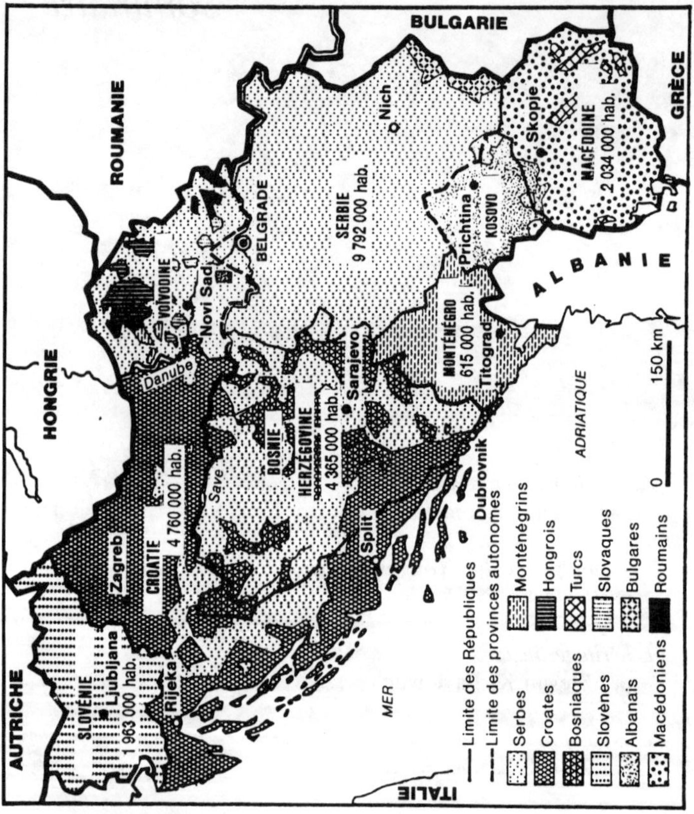

Le Monde, 8 octobre 1987 (nombre d'habitants corrigés selon le recensement de 1991).

DE L'EX-YOUGOSLAVIE (recensement de 1991)

N. B. Nous n'avons retenu que les rubriques concernant plus de 2 % de la population de chaque république.

Bosnie-Herzégovine
(population totale 4 365 000)
Musulmans [1]: 43,7 %
Serbes: 31,4 %
Croates: 17,3 %
Yougoslaves [2]: 5,5 %

Croatie
(population totale 4 760 000)
Croates: 77,9 %
Serbes: 12,2 %
Yougoslaves: 2,2 %

Macédoine
(population totale 2 034 000)
Macédoniens: 64,6 %
Albanais: 21 % [3]
Turcs: 4,8 %
Tsiganes: 2,7 %
Serbes: 2,2 %

Monténégro
(population totale 615 000)
Monténégrins: 61,8 %
Musulmans: 14,6 %
Serbes: 9,3 %
Albanais: 6,6 %
Yougoslaves: 4,2 %

Serbie
(population totale: 9 792 000)

Serbie sans provinces autonomes (5 824 000)
Serbes: 87,3 %
Musulmans: 3,0 %
Yougoslaves: 2,5 %

Kosovo (1 955 000)
Albanais: 82,2 % [4]
Serbes: 10,0 %
Musulmans: 2,9 %
Tsiganes: 2,2 %

Voïvodine (2 013 000)
Serbes: 57,3 %
Hongrois: 16,9 %
Yougoslaves: 8,4 %
Croates: 3,7 %
Slovaques: 3,2 %
Monténégrins: 2,2 %

Slovénie
(population totale 1 963 000)
Slovènes: 87,6 %
Croates: 2,7 %
Serbes: 2,4 %.

---

[1] Terme officiel correspondant à la rubrique « Bosniaques » de la carte.

[2] Le recensement de 1991 laissait la possibilité de se déclarer « Yougoslave ».

[3] Les Albanais ayant boycotté le recensement de 1991, ce taux est une estimation fondée sur les résultats, très contestés, du recensement de 1981 (19,8 %). Les Albanais pourraient représenter le quart ou le tiers de la population de la Macédoine.

[4] Estimation (voir note 3).

Quelques indicateurs économiques en 1990

Part des régions dans le total	Yougoslavie	Slovénie	Croatie	Serbie			Bosnie-Herzégovine	Monténégro	Macédoine
				Serbie sans provinces autonomes	Voïvodine	Kosovo			
Population	100	8,1	19,8	24,6	8,6	8,3	18,9	2,8	8,9
Produit social *	100	18,2	25,5	23,2	11	2,1	12,4	1,9	5,7
Production industrielle *	100	20,4	22,6	22,8	10,8	2,2	13,3	1,8	6,1
Production agricole *	100	7,6	21,3	25,3	23,8	4,2	9,4	1,1	7,3
Investissements * [1]	100	19,4	22,7	29,4	7,5	1,5	14,3	1,6	3,6
Exportations	100	28,8	20,5	20,8	8,3	1,3	14,4	1,6	4,1
Importations	100	25,2	23,6	21,2	11,5	1,1	10,1	1,2	6,1
Produit social par habitant en dinars *	9 347	20 651	12 002	8 778	11 845	2 436	6 193	6 809	5 980
Salaire mensuel moyen en dinars	4 253	5 657	4 786	4 167	4 184	2 345	3 382	3 203	3 188

* en 1989.
[1] sans le secteur privé.
Sources : Annuaires statistiques de la Yougoslavie 1991, tableau publié par *Le Courrier des pays de l'Est,* Paris, La Documentation française, novembre 1991.

Aux origines d'une tragédie

par Jacques Rupnik

Les peuples des Balkans sont chargés de plus d'histoire qu'ils n'en peuvent porter.

W. Churchill

La Yougoslavie est née, en 1918, de l'idée de l'autodétermination des nations chère aux vainqueurs de la Première Guerre mondiale. Elle est morte en 1991 au nom de la même idée, reprise par les peuples sortant du communisme. Ironie de l'histoire déroutante pour les protagonistes du drame comme pour ses observateurs, mais qui ne justifie pas les clichés et les contresens plaqués sur le conflit.

La manipulation des mémoires

Pour rendre compte de l'éclatement de la Yougoslavie et de la guerre, la première survenue dans l'Europe de l'après-Yalta, on a invoqué la « haine ancestrale », la « guerre civile » ou « tribale ». Tout cela ne fait qu'occulter la nature politique du conflit. Car la « guerre civile yougoslave » n'est pas plus civile que yougoslave : elle n'oppose pas deux parties d'une nation, mais des nations entre elles. Quant à la « haine ancestrale » entre Serbes et Croates, elle est bien récente, puisque les premières tensions ne sont apparues, avec les guerres balkaniques, qu'à la veille de la Première Guerre mondiale. Toutefois, ces tensions ont sapé la stabilité politique de la Yougoslavie de l'entre-deux-guerres et ont atteint une violence sans précédent pendant la Deuxième Guerre mondiale. On sait, grâce aux travaux récents d'historiens yougoslaves, que la guerre entre nationalistes et communistes ou entre nationalistes a fait alors plus de morts que le combat contre les Allemands. Contrairement à ce qu'affirmait jusqu'à une date récente la version officielle, il n'existait pas *un* mouvement de résistance aux Allemands (celui de Tito), mais deux, l'autre étant celui des Serbes fidèles à Mihajlović et au roi exilé à Londres. Pour autant, les Croates n'étaient pas tous oustachis : ils étaient relativement les plus nombreux dans la résistance communiste.

On aurait pu penser que, deux générations plus tard, le souvenir de ces traumatismes (particulièrement celui du massacre des Serbes par les Oustachis) se serait estompé chez les plus jeunes. Il n'en est rien. Dans la bataille des mémoires entre Serbes et Croates, les machines de propagande modernes ont réussi à imposer en quelques semaines une vision et une terminologie archaïques, faisant du conflit actuel un « remake » de la dernière guerre. Pour les Serbes, nous sommes en 1941 et la Croatie indépendante ne peut que préparer un nouveau massacre de la minorité serbe. Pour les Croates, Milošević est le nouvel Hitler, qui se sert de la minorité serbe de Croatie avec ses milices tchetniks comme Hitler avait utilisé la minorité allemande des Sudètes pour dépecer la Tchécoslovaquie. La télévision de Zagreb présente les Serbes de préférence en uniforme de Tchetniks, barbus, coiffés d'une toque noire décorée de l'aigle blanc, tandis que Belgrade rediffuse à des heures de grande écoute des documentaires sur les charniers de femmes et d'enfants massacrés entre 1941 et 1945. Lorsque les Croates recherchent le soutien de voisins centre-européens (Autrichiens, Allemands, Hongrois, Italiens), le ministre de la Défense serbe déclare avec le plus grand sérieux : « L'Allemagne nous a attaqués pour la troisième fois en un siècle ». A force de manipuler les analogies historiques dans leur discours nationaliste, les ex-communistes ont réussi à l'imposer à leur peuple et peut-être à y croire eux-mêmes. Tous se présentent comme des victimes de l'Histoire, mais d'une histoire déformée, mythologisée. De la mystique de la terre et du sang, il n'y a qu'un pas à la démonisation de l'adversaire. De la guerre des mémoires, qu'un pas à la guerre tout court.

Ses causes immédiates sont connues : le recours à la force par l'armée fédérale le 27 juin 1991, à la suite de la proclamation d'indépendance de la Slovénie et de la Croatie. Le signe avant-coureur en était le veto serbe opposé le 15 mai à l'accession à la présidence fédérale du Croate Stipe Mesić. Le vrai tournant remonte sans doute au 9 mars, quand l'opposition serbe défia dans la rue Milošević, qui opta alors pour une fuite en avant dans le nationalisme et dans la violence pour se maintenir au pouvoir. Et, dès 1988, la proclamation de l'état de siège au Kosovo annonçait l'usage qui serait fait de la force, trois ans plus tard, en Slovénie et en Croatie.

Dans la désagrégation de la Yougoslavie, les dynamiques du nationalisme dans les années quatre-vingt et l'extension récente du conflit armé ont opéré un chassé-croisé. En effet, la vague des nationalismes s'est propagée du Sud vers le Nord : la révolte des Albanais du Kosovo en 1981 fut à l'origine du sursaut des Serbes pour protéger leur minorité dans la province, et plus généralement du réveil du nationalisme serbe [1]. Sa traduction politique (la reprise en main des provinces autonomes de Voïvodine et du Kosovo et la pression sur les instances fédérales) a suscité à son tour les craintes et favorisé l'expression de courants centrifuges en Slovénie et en Croatie. L'élément clé de la viabilité de l'Etat yougoslave ne résidant ni chez les Albanais ni chez les Slovènes, mais dans le rapport serbo-croate, les jours de la Yougoslavie étaient comptés à partir du moment où ce dernier tournait à l'affrontement.

Inversement, la logique de guerre progressa du Nord vers le Sud : de la Slovénie à la Croatie, puis à la Bosnie, et il est à craindre qu'elle ne s'étende rapidement au Kosovo et à la Macédoine.

Huit baronnies

Ni haine « ancestrale », ni « tribalisme », la cause profonde de l'éclatement de la Yougoslavie gît dans le lien étroit entre la crise du système communiste et celle de l'Etat multinational. Les deux processus de décomposition puis d'effondrement se sont mutuellement renforcés. En ce sens, l'agonie de la fédération yougoslave évoque irrésistiblement celle de l'URSS.

Au cœur du problème : les rapports du nationalisme

[1] Voir J. Rupnik, « La crise du Kosovo et l'après-titisme », *L'Alternative*, sept.-oct. 1982, pp. 52-56.

avec le communisme d'une part, avec la transition démocratique de l'autre. Le premier aspect pose le problème du « nationalisme d'appareil », celui de la « nationalisation » des composantes du communisme yougoslave ; le second, celui des modalités et des rythmes de la transition démocratique à partir de 1989.

Remontons au début des années soixante-dix. La répression, en 1971, du Printemps croate, ultime tentative de démocratiser le système de l'intérieur en respectant l'identité culturelle des nations composant la Yougoslavie, ôte aux réformateurs tout espoir réaliste, comme l'avait fait celle du Printemps de Prague de 1968. La constitution de 1974 amorce un transfert du centre de gravité de la vie économique et politique vers les républiques, les transformant progressivement en autant de baronnies contrôlées par les appareils communistes locaux. Au fil des ans, la Yougoslavie devint ainsi non seulement une addition de huit nations, mais de huit économies et de huit partis communistes (six républiques et deux provinces autonomes). Elle combinait un étatisme bureaucratique masqué par la décentralisation et par l'« autogestion » avec un protectionnisme des républiques si énergique que, au milieu des années quatre-vingt, le marché yougoslave était moins intégré que le Marché Commun. Chaque république voulait ses industries de prestige, ses devises et – jusqu'à Tchernobyl – sa centrale nucléaire. Les chemins de fer étaient gérés par les six républiques et environ 300 organes d'autogestion. Résultat : les trains s'arrêtaient aux frontières intérieures pour changer de locomotive, et les retards accumulés en un an atteignaient un demi-siècle...

La « balkanisation » de l'économie allait de pair avec celle du Parti communiste lui-même. Pour éviter qu'une nation domine l'ensemble, Tito avait imaginé un système de fabrication du consensus entre ses composantes nationales, fondé sur le droit de veto. Un tel système ne pouvait fonctionner que tant qu'il y avait un arbitre suprême. Après la mort de Tito, ce fut la paralysie. Lorsque le désastre économique (20 milliards de dollars de dette et hyperinflation) exigea des mesures radicales, on ne put se mettre d'accord que sur des broutilles. Il ne resta qu'une institution garante de la fédération : l'armée. On sait comment elle allait assumer cette mission.

Des dynamiques divergentes

Le parti avait donc succombé au mal dont il prétendait préserver la société. L'éclatement de la Ligue des communistes de Yougoslavie en huit partis introduisait un élément de pluralisme dans le jeu politique yougoslave. Au milieu des années quatre-vingt, on avait ainsi une Serbie et une Slovénie libérales, tandis que la Bosnie et la Croatie restaient des bastions de l'orthodoxie. Quand la censure bloquait un auteur à Sarajevo ou à Zagreb, il pouvait se faire publier à Belgrade ou à Ljubljana. Mais jamais une véritable convergence entre les forces démocratiques ne se concrétisa à l'échelle yougoslave, à cause des dynamiques divergentes des rapports entre nationalisme et démocratie. Le communisme n'était plus une force d'intégration yougoslave, la démocratisation (puis la démocratie) n'allait pas fournir un principe intégrateur de rechange.

Deux modèles de la transition, deux réactions opposées à la décomposition du système titiste vont écarteler la fédération entre 1987 et 1990 : la révolution nationale par le haut en Serbie et la démocratisation rampante à la slovène.

La « révolution culturelle » de Milošević, selon la formule de Paul Garde, a deux sources : les Serbes se considèrent comme lésés par la Yougoslavie titiste (d'où l'idée d'une Grande Serbie), mais ils occupent une position prépondérante dans l'appareil fédéral et surtout dans l'armée (d'où l'obstruction de l'appareil militaro-bureaucratique de Belgrade à la transformation de la Yougoslavie en une confédération démocratique).

La montée en puissance de Milošević a joué sur les deux registres. Tito, pour éviter de répéter l'échec de la première Yougoslavie, avait voulu faire « une Yougoslavie forte par une Serbie faible » et avait donc réduit celle-ci, en taille et en puissance, au moyen du système fédéral et de la création en son sein des deux provinces autonomes. Milošević exprima le rejet de ce découpage. La mobilisation populiste qu'il orchestra contre l'héritage du titisme combinait habilement le mécontentement contre la bureaucratie et le nationalisme. La reconquête du Kosovo en 1988 au nom de la défense de la minorité serbe préfigurait ainsi la défense armée des Serbes de Croatie. Ceux-ci (11 % de la population de la république) jouent un rôle crucial. Ils ont toujours bénéficié d'un traitement de faveur de la part du pouvoir central : sous les Habsbourg, sous la monarchie de l'entre-deux-guerres, sous Tito. L'avènement d'une Croatie indépendante raviva chez certains d'entre eux des peurs que l'on croyait d'un autre âge (les massacres de la dernière guerre), mais aussi la crainte de perdre les positions privilégiées qu'ils occupaient dans l'appareil du pouvoir en Croatie. Milošević encouragea leur révolte d'abord au nom de l'idée yougoslave, puis de la Grande Serbie. La cause des Serbes hors de Serbie fut son tremplin vers le pouvoir ; la guerre le moyen de s'y maintenir. L'appropriation du nationalisme débouchait sur la confiscation du pouvoir par le leader communiste.

Le facteur national n'est pas absent de la transition slovène (puis croate), mais il a joué dans un sens différent. Si le phénomène Milošević s'apparente au modèle balkanique du maintien des ex-communistes au pouvoir par le recours au nationalisme, le processus slovène s'apparente plutôt au modèle centre-européen de sortie du communisme : dissidence culturelle et relative tolérance du pouvoir favorisent la reconstitution d'une société civile et le passage à un système politique pluraliste et démocratique. Si Milošević rappelle Iliescu, Kučan s'apparente au réformateur hongrois Imre Poszgay. En Slovénie comme en Croatie, les communistes sont balayés par les élections libres de 1990, alors qu'ils se maintiennent en Serbie. Dès lors, Belgrade est vue comme l'obstacle majeur à une transition rapide vers la démocratie et l'économie de marché. Pour la Slovénie et la Croatie, sortir du communisme implique sortir de la Yougoslavie.

Ce qui est en cause, c'est non seulement des dynamiques divergentes, mais aussi des rythmes différents. La transition à la démocratie suppose un accord sur le cadre étatique de cette démocratie. Comme l'ont fort bien montré J. Linz et A. Stepan [2], au moment de la transition, la séquence des élections dans un système multinational peut s'avérer décisive pour l'intégration ou la désintégration de l'Etat. Le fait que les premières élections n'ont pas eu lieu au plan fédéral, mais en

---

[2] « Political identities and electoral sequences : Spain, the Soviet Union and Yugoslavia », *Daedalus*, printemps 1992.

ordre dispersé dans les républiques, a rendu impossible l'émergence d'acteurs politiques transnationaux (l'échec du parti du Premier ministre Ante Marković le confirme) et a contribué à délégitimer le pouvoir fédéral, transférant définitivement le centre de gravité de la vie politique au niveau de chaque république.

Il est tentant d'interpréter l'éclatement de la Yougoslavie comme l'affrontement de deux dynamiques de sortie du communisme : le modèle centre-européen et le modèle balkanique. Tentation d'autant plus forte que la coupure correspond à un clivage historique et de culture politique entre les pays issus de l'empire austro-hongrois et ceux issus de l'empire ottoman. L'explication est pourtant trop cartésienne pour être exacte. D'abord parce que le modèle balkanique n'est pas figé. On a vu en Bulgarie, en Albanie et même partiellement en Roumanie que la confiscation nationaliste de la révolution par les ex-communistes ne correspondait qu'à une phase de la transition en cours. Milošević a gagné les élections de décembre 1990 avec le slogan « Avec nous, pas d'incertitudes ». Mais, pour lui et ceux qui ont opté pour la solution violente, le temps de l'incertitude a commencé. La Serbie, comme ses voisins, doivent déjà préparer l'après-Milošević.

Quant aux pays d'Europe centrale (cela vaut pour la Croatie comme pour les autres), ils sont loin d'être immunisés contre les dérives nationalistes, même si, jusqu'ici, les idées de souveraineté nationale et de transition démocratique sont allées de pair. L'indépendance nationale dans l'espace post-communiste (on ne l'a pas toujours bien compris en Occident) n'est pas une chose bonne ou mauvaise en soi. Le critère essentiel est de savoir si elle débouche sur une société ouverte, à l'intérieur comme vers l'Europe, ou si elle signifie repli sur soi et communautarisme. La Slovénie, la Croatie (comme les pays Baltes) ont montré une telle volonté d'ouverture sur l'Europe. Mais l'état de guerre est peu propice au pluralisme démocratique et l'on ne sait combien de temps ces pays résisteront à la tentation nationaliste. Le sentiment national a servi d'appui à la révolution démocratique. L'explosion nationaliste menace de la détruire.

La déchirure yougoslave pose à l'Europe entière un double défi. Celui de la sécurité : la construction européenne est née de la répudiation de la guerre de conquête sur son sol, et voilà qu'aujourd'hui une telle guerre a lieu à moins de deux heures d'avion de Maastricht. L'échec de la Yougoslavie pose aussi la question de l'Etat-nation. La nation est-elle le seul lieu (ou le lieu privilégié) de la démocratie ? Les nations nouvellement indépendantes cherchent à affirmer une souveraineté indivisible, mais découvrent déjà qu'il existe différents lieux de l'exercice de la souveraineté démocratique : le niveau local ou le niveau supra-national. La Yougoslavie en tant qu'Etat est définitivement morte. Mais la coopération dans l'espace ex-yougoslave apparaît déjà comme une nécessité pour l'économie aujourd'hui, pour la sécurité demain. On sait désormais (à quel prix !) que l'unité de la Yougoslavie n'empêcha pas la guerre. On sait aussi que l'indépendance, dans un contexte pluriethnique, ne suffit pas à rétablir la paix.

Les ambiguïtés du « yougoslavisme »

par Natacha Rajakovic

Naissance d'une idée

L'idée d'une possible unification des nations slaves du sud au sein d'un Etat commun est relativement récente : c'est en effet vers le milieu du XIXe siècle, à l'issue des révolutions de 1848, que l'on situe la naissance du panslavisme, parallèlement à une série de bouleversements régionaux : développement de nouvelles relations socio-économiques, désintégration du système féodal, affaiblissement des empires ottoman et austro-hongrois et essor d'une bourgeoisie locale aspirant à l'indépendance politique et économique. Sous l'influence de ces nouvelles tendances, et notamment de l'introduction en Europe centrale du concept de nation politique, deux courants font leur apparition parmi les nations slaves du sud. A côté de projets « nationalistes » visant à construire des Etats-nations indépendants (slovène, croate, serbe, bulgare, etc.) en s'appuyant souvent sur les mythes d'un passé glorieux, se développent les premiers projets « transnationaux » : projet d'Illyrie ou de Grande Illyrie, de Slavie ou de Bulgaroslavie.

Au XIXe siècle, l'idée de l'unité des Slaves du sud revêt des formes variées, depuis les revendications culturelles et linguistiques (mouvement illyrien), en passant par l'autonomie et l'union des nations slaves du sud au sein de l'Autriche-Hongrie (austroslavisme), jusqu'à des projets d'unification politique plus ou moins clairement conçus. En Serbie, l'idée yougoslave se présente sous deux versions différentes : la première, « orientale », est le projet d'unification entre Serbes et Bulgares au sein d'un Etat commun ; la seconde, « occidentale », est issue de l'idée exprimée en 1844 par Ilija Garašanin (Garachanine), conseiller de la famille princière des Karageorgévitch, sur la formation d'un Etat regroupant les Slaves du sud et dirigé par la Serbie. A cette époque, le mouvement illyrien ne rencontre guère d'écho en Serbie, où toutes les forces socio-politiques s'orientent plutôt vers la construction d'un Etat indépendant serbe. Au cours des années 1860, le philosophe serbe Vuk Karadžić pousse plus loin les idées de Garašanin et formule sa théorie selon laquelle tous ceux qui emploient la langue serbe ou croate, quelle que soit leur religion, appartiennent à la nation serbe (les Croates étant considérés comme des Serbes convertis au catholicisme et les Bosniaques comme des Serbes islamisés). Il pose ainsi les fondements du projet « grand-serbe », qui devient la préoccupation dominante de la classe dirigeante. Les acteurs politiques serbes adoptent également volontiers l'idée formulée par le Polonais Adam Czartorysky, selon laquelle la Serbie devrait jouer le rôle d'un « Piémont yougoslave » et devenir le pôle de regroupement de tous les Slaves du sud, de l'empire ottoman à celui des Habsbourg. Les victoires serbes au cours des guerres des Balkans en 1912-1913 renforceront cette image d'une Serbie libératrice, « rassembleur » de tous les Slaves opprimés de la péninsule balkanique.

C'est dans les années 1860 que le projet yougoslave apparaît en Croatie, dans le programme politique présenté par le Parti indépendant du vice-roi *(ban)* Ivan Mažuranić, surtout composé d'intellectuels originaires de Dalmatie. La crise qui a manqué détruire la monarchie des Habsbourg en 1848 n'est qu'en partie résolue par l'établissement du dualisme austro-hongrois en 1867 et par l'accord hungaro-croate de 1868 [1]. L'ancienne thèse selon laquelle l'empire austro-hongrois constitue un Etat supranational est dès lors abandonnée, la double monarchie devenant la garante de l'hégémonie austro-hongroise. Cette transformation entraîne les nations slaves de l'Empire à se détourner de la dynastie régnante et à chercher ailleurs l'épanouissement de leurs aspirations nationales. Dans la seconde moitié du XIXe siècle, deux courants « unificateurs » apparaissent en Croatie. Ante Starčević, se réclamant du « Droit étatique croate », développe l'idée d'une Grande Croatie associant les provinces de la Dalmatie, de la Slavonie et de la Croatie, au nom de plusieurs siècles d'intérêts culturels, politiques, économiques et mili-

[1] En 1102, le roi de Hongrie Kalman avait signé, avec douze princes croates, la *Pacta conventa* (union perpétuelle personnelle) : la couronne de Croatie revenait au roi de Hongrie, les Croates conservant leur autonomie administrative, leur gouverneur *(ban)* et leur Diète *(sabor)*. L'accord de 1868 renouvelle la *Pacta conventa* : les Croates conservent leur Diète, l'usage de leur langue et la gestion de l'instruction publique, des cultes et de la justice. La Diète croate désigne des députés qui siègent au Parlement hongrois pour régler les affaires communes (politique étrangère, défense, finances).

taires communs. Un tel programme oppose directement Starčević à l'idée de Grande Serbie. Son influence politique est d'autant plus importante qu'il lie la lutte pour les droits nationaux aux idées libérales et démocratiques, en opposition au régime conservateur du comte hongrois Khuen-Hédervàry.

Mais c'est à l'évêque croate Josip Juraj Strossmayer que l'on doit la reformulation, dans un contexte politique modifié, des idées illyriennes sous le nom nouveau de yougoslavisme [2]. Le yougoslavisme de Strossmayer reste une prolongation des idéaux illyristes, tout en suivant les tendances générales des mouvements nationaux en Europe qui conduisent à l'unification de l'Allemagne et de l'Italie. Au cours des années 1866-1868, l'évêque mène une série de discussions secrètes avec des représentants croates et serbes, sur le thème d'une possible coopération autour du « programme yougoslave ».

Ces divers projets, qui tendent à l'association, au sein d'un Etat commun, de toutes les nations slaves de l'empire austro-hongrois, continuent à sc développer discrètement jusqu'à la Première Guerre mondiale. Le projet yougoslave se trouve également au centre de préoccupations géostratégiques plus larges, et se développe en partie comme réaction face à des menaces extérieures potentielles. En effet, l'unification de l'Allemagne et de l'Italie, qui s'accompagne de tendances expansionnistes, inquiète les petites nations voisines.

---

[2] L'évêque Strossmayer (1815-1905), qui sera l'un des fondateurs de la première Académie yougoslave, aurait inventé le mot « yougoslave ». Les défenseurs de « l'idée yougoslave » affirment, à cette époque, que l'utilisation d'un nom neutre tel que « Yougoslavie » offre la plate-forme la plus favorable à l'unification contre les ennemis communs.

De plus, les difficultés croissantes auxquelles font face les empires austro-hongrois et ottoman engendrent le sentiment, au sein des élites de leurs composantes slaves, que les pouvoirs impériaux ne sont plus à même de protéger leurs intérêts économiques, politiques et militaires. Le projet yougoslave est donc également issu d'un vague sentiment d'insécurité et d'un manque de représentation efficace des intérêts des nations slaves à l'intérieur des deux empires.

Dans l'idée yougoslave, il faut distinguer les constructions des intellectuels et des nouvelles élites politiques et le sentiment populaire d'une appartenance commune. Lorsqu'il s'agit de tracer l'origine et le développement du yougoslavisme, c'est le premier aspect qui l'emporte. En effet, le mouvement yougoslaviste est composé, dès son apparition et jusqu'aux premières décennies du XXe siècle, presque exclusivement d'intellectuels (écrivains, philosophes, universitaires, dignitaires de l'Eglise et artistes) et d'hommes politiques. Il se propage de haut en bas. On tente de l'implanter au sein d'une société politiquement peu développée, où domine une paysannerie mal représentée par une intelligentsia essentiellement urbaine. Si les artisans du yougoslavisme sont convaincus — pour des raisons différentes et parfois opposées — de la nécessité d'un Etat slave unifié, leurs peuples n'en ont pratiquement pas conscience. Les Slaves du sud dépendent d'entités administratives nombreuses et diverses, ce qui rend difficiles l'action concertée et l'organisation d'un réel mouvement populaire. Ces entités ont, en outre, des héritages historiques et culturels différents, et cette division est encore accentuée par les antagonismes confessionnels qui constituent un obstacle supplémentaire à la libre circulation des idées politiques : par crainte de perdre leur influence, les églises catholique (en Slovénie et en Croatie) et orthodoxe (en Serbie et au Monténégro) sont défavorables aux contacts entre leurs fidèles respectifs. Enfin, certaines classes sociales, notamment la petite bourgeoisie et les paysans, préfèrent préserver leurs liens économiques à l'intérieur de l'Autriche-Hongrie ou leur autonomie locale plutôt que de les mettre en danger en formant une nouvelle entité politique. Mais, à partir des années 1890, l'affaiblissement progressif des deux empires oblige les élites politiques des nations slaves du sud à rechercher une solution à la « question nationale » hors des frontières existantes et les pousse, malgré leurs divergences culturelles et politiques, à s'associer afin de faire face à un paysage géopolitique en pleine mutation.

Le premier Etat yougoslave, 1918-1941

Les efforts et les actions entreprises dans le but d'unifier les Slaves du sud bénéficient, au début du XXe siècle, d'une série de conjonctures politiques favorables. En Serbie, le roi Pierre Karageorgévitch prend le pouvoir (1903) et provoque un net infléchissement de la politique extérieure : les relations avec la France et la Russie sont resserrées, alors que les relations austro-serbes se détériorent. Par ailleurs, le comte Khuen-Hédervâry, qui avait imposé la magyarisation à Zagreb et attisé les antagonismes serbo-croates afin d'affaiblir la résistance anti-hongroise, quitte la Croatie. Une nouvelle génération d'intellectuels et d'hommes politiques profite de cette situation de libéralisme relatif. En 1905 est créée en Dalmatie la Coalition serbo-croate, qui a pour programme l'élargissement de l'autonomie de la Croatie par la révision de l'accord hungaro-croate de 1868 ainsi que l'union et l'indépendance de tous les Slaves de l'Autriche-Hongrie. La Coalition a en outre une forte orientation yougoslave et soutient que Serbes et Croates forment une seule et unique nation : « Les Croates et les Serbes sont un seul peuple, ils sont égaux dans leurs relations réciproques et ils doivent consolider leur puissance ainsi que leurs forces nationales, de manière à être préparés aux événements. En Dalmatie, les Croates et les Serbes travailleront côte à côte comme frères de sang en ce qui concerne les questions politiques nationales ».

A la veille de la Première Guerre mondiale, quatre solutions à la « question slave » se détachent. La première consisterait à maintenir le *statu quo*, option peu viable puisque l'insatisfaction et l'agitation sont déjà très répandues parmi les Slaves des empires austro-hongrois et ottoman. Une seconde option serait la solution « trialiste » : transformation de l'empire austro-hongrois en une triple monarchie, au sein de laquelle les Slaves du sud bénéficieraient d'un statut autonome, comparable à celui de la Hongrie. Les Hongrois s'opposent cependant fermement à une réorganisation qui affaiblirait leur position par rapport aux Autrichiens et mettrait en question leur domination sur la Croatie. Les nationalistes allemands refusent également cette solution, de même que la Serbie qui craint qu'elle ne favorise uniquement les Slovènes et les Croates et l'empêche de jouer le rôle de puissance régionale qu'elle espère assumer un jour. La troisième solution serait celle de la Grande Serbie, qui signifierait le rassemblement de tous les éléments orthodoxes parmi les Slaves du sud sous l'autorité de la dynastie serbe, solution à laquelle les Slovènes et les Croates ne sont pas susceptibles de se rallier. Enfin, la dernière option serait l'union politique librement consentie des Serbes, des Croates et des Slovènes au sein d'un Etat yougoslave.

Sur la position des nations slaves au cours de la Première Guerre, on peut dégager quelques tendances principales. Tout d'abord, il faut souligner le rôle – réel et symbolique – joué par l'armée serbe qui, à deux reprises, réussit à repousser les Autrichiens derrière leurs frontières en 1914 et prend part activement au maintien du front de Salonique. Forte d'une réputation favorable auprès des Alliés, aux côtés desquels elle aura le privilège de célébrer la victoire en 1918, et de son image de « nation libératrice » et de « Piémont yougoslave » déjà acquise au cours des guerres des Balkans, la Serbie affirme très tôt son intention de « libérer » tous les peuples « frères », c'est-à-dire les Slovènes et les Croates. Dès 1914 en effet, le gouvernement serbe informe ses alliés que, dans le cas d'une victoire, il se prépare à transformer la Serbie en un Etat puissant ; tous les Serbes, les Croates et les Slovènes entreraient dans sa composition. La version de l'unification des Slaves du sud préconisée par le régent Alexandre et son Premier ministre Nikola Pašić s'accompagne de visées expansionnistes. Pašić s'évertue à persuader les Alliés que l'Autriche-Hongrie ne doit en aucun cas garder ses possessions après la guerre et que, une fois séparés de la Monarchie, les peuples slaves du sud ne peuvent qu'être incorporés à l'Etat serbe et non prétendre chacun à son indépendance. Cette position se heurte rapidement au Comité yougoslave (JO – *Jugoslavenski Odbor*) constitué à Londres le 30 avril 1915 par une vingtaine d'hommes politiques en exil, déterminés à préserver l'identité distincte des nations qui doivent constituer le nouvel Etat slave. Les membres du Comité (dirigé par les Dalmates Ante Trumbić et Franjo Supilo) désirent coopérer avec le gouvernement serbe, mais uniquement en tant que partenaires égaux de la Serbie. La Coalition serbo-croate continue, elle aussi, de jouer un rôle important pendant la guerre, même s'il s'agit d'un double jeu : en effet, tout en conduisant les négociations pour un Etat slave unifié, la Coalition continue de participer aux sessions du Parlement à Budapest et professe sa loyauté à la Couronne hongroise, ce qui lui permet de contrôler les ressources croates et de maintenir en Croatie des institutions autonomes jusqu'à la fin de la guerre. Enfin, il faut noter l'action parallèle des dirigeants croates et slovènes en Autriche qui, en 1917, présentent ouvertement au Parlement autrichien une demande d'union de toutes les provinces yougoslaves de la Monarchie au sein d'un Etat libre, sous le sceptre des Habsbourg.

Les premiers pas du nouveau royaume

Le premier acte constitutif du futur Etat des Slaves du sud est la signature, le 20 juillet 1917, de la Déclaration de Corfou, par Nikola Pašić en sa qualité de chef du gouvernement serbe en exil et par Ante Trumbić en tant que président du Comité yougoslave. Les signataires se proclament pour l'union de tous les Serbes, Croates et Slovènes au sein d'un Etat commun, sous le sceptre des Karageorgévitch. Le nouvel Etat sera une monarchie constitutionnelle et parlementaire. Les noms respectifs des trois nations constitutives, leur drapeau, leur religion et leurs deux alphabets – latin et cyrillique – seront officiellement utilisés. L'organisation politique et administrative de l'Etat est laissée à une future assemblée constituante : détail d'une importance capitale, puisqu'il permet d'éviter le débat sur la structure — centraliste ou pluraliste — de l'Etat, et par là l'explosion du conflit latent entre Pašić et les dirigeants croates. Le 6 octobre 1918 est créé à Zagreb le Conseil national, gouvernement provisoire de toutes les provinces slaves du sud de la Monarchie. Composé de représentants de tous les partis politiques de ces régions, le Conseil est dirigé par Mgr Korošec, Svetozar Pribičević et Ante Pavelić [3]. Le 1er décembre 1918, le prince régent Alexandre de Serbie reçoit à Belgrade une délégation du Conseil national et proclame la création du Royaume des Serbes, des Croates et des Slovènes (SHS) avant même que ne soient établis par accord des trois peuples les fondements politiques, économiques et juridiques de l'État commun. Le premier Etat yougoslave est également le résultat du nouveau découpage de l'Europe par les pays vainqueurs : entre autres considérations stratégiques, le Royaume SHS doit soutenir le « cordon sanitaire » que la France désire bâtir en Europe centrale afin d'endiguer une éventuelle expansion de la Russie bolchevique vers l'ouest et de l'Allemagne vers le sud. C'est donc sur un fond de danger extérieur et de crise à l'échelle européenne que « les diverses nations yougoslaves se précipitèrent dans l'union, sans avoir une idée claire de la manière dont

---

[3] Mgr Korošec est le fondateur du Parti populaire slovène. Svetozar Pribičević, Serbe de Croatie, d'abord membre éminent du Parti radical de Serbie, fondera en 1919, en compagnie de l'aile gauche du PR, le Parti démocrate, parti d'opposition qui regroupe un grand nombre de Serbes de Croatie. Pribičević sera également ami intime et conseiller du roi Alexandre jusqu'à l'avènement de la dictature qui l'oblige à s'exiler en France. Ante Pavelić est membre de la Coalition serbo-croate *et ne doit pas être confondu avec son homonyme*, le dirigeant du mouvement oustacha des années 1930 et 1940.

elle devait être réalisée et sans contrat reconnu de manière générale » [4].

La consolidation du nouveau royaume est rendue difficile par sa situation précaire au sein de la communauté internationale : une grande partie de ses frontières demeure en effet contestée par des voisins tels l'Italie, l'Autriche, la Bulgarie et la Grèce. En outre, les conflits provoqués par la fusion de deux systèmes politiques au sein d'un seul Etat rendent plus fragiles encore ses fondations. La conception de l'Etat des dirigeants serbes s'est formée à travers la lutte de leur peuple contre l'empire ottoman et contre l'Autriche-Hongrie. A chaque étape de cette lutte, de nouveaux territoires et de nouvelles populations avaient été intégrés au sein d'une structure étatique centralisée et unificatrice, qui avait permis à la Serbie de préserver son identité malgré une occupation séculaire. Vu sous cet angle, l'Etat yougoslave ne représente que le stade final de libération et d'unification. Les dirigeants croates, eux, appliquent à leur conception de l'Etat l'expérience d'une Croatie qui — à l'exception de quelques courtes périodes comme celle de l'administration Khuen-Hédervάry à la fin du XIXe siècle — a pu préserver une très grande autonomie économique, politique, culturelle et administrative tout au long de la domination habsbourgeoise. Plutôt que de lutter contre Vienne et Budapest, les Croates ont appris l'art de la négociation au sein de leur Parlement, afin d'obtenir des concessions de plus en plus larges. Aussi la Croatie aspire-t-elle à une structure yougoslave qui permettrait le développement de sa pleine souveraineté et au sein de la-

[4] Stephen Clissold, *A Short History of Yugoslavia*, Cambridge University Press, 1966.

quelle elle serait un partenaire égal à la Serbie. Quant aux Slovènes, n'ayant jamais bénéficié d'une véritable autonomie au sein de l'empire austro-hongrois, ils ont l'espoir que le nouvel Etat leur permettra d'achever la construction de leur identité politique et d'accéder ainsi à un statut comparable à celui des Serbes et des Croates. Ainsi, les Croates et les Slovènes espèrent continuer, au sein du nouveau royaume, à faire respecter leurs particularités dans une égalité enfin reconnue. Les Serbes, qui ont mené un combat héroïque au cours de la Première Guerre mondiale, estiment qu'une place prépondérante leur est due au sein du nouvel Etat en compensation de ces sacrifices ; ils ne conçoivent pas les Slovènes et les Croates comme des partenaires égaux, mais comme des peuples « frères » enfin libérés (par eux) de la tutelle austro-hongroise, et donc ayant une dette à leur égard.

La première constitution yougoslave, adoptée en 1921, représente le triomphe de la tradition centraliste serbe, ce qui la rend difficilement acceptable non seulement pour la majorité des Croates et des Slovènes, mais également pour les membres de l'ancienne Coalition serbo-croate, ainsi que pour le jeune Parti communiste. En effet, le principal parti croate au sein de l'Assemblée constituante, le Parti paysan de Stjepan Radić, défend dès le départ une solution de type fédéral pour l'organisation politique du royaume. Ignoré par les partis serbes et le gouvernement, il décide rapidement de boycotter les travaux de l'Assemblée ainsi que le vote sur la constitution, qui est adoptée en l'absence d'un quart des députés : les 50 députés du Parti paysan croate et les 59 du Parti communiste, interdit dès 1920.

Le pouvoir politique et économique est concentré à Belgrade, d'où le pays est dirigé en grande partie selon le système administratif serbe d'avant-guerre. Les dirigeants serbes occupent la plupart des postes-clés au sein du gouvernement, et l'armée serbe constitue l'unique système de défense du nouvel Etat. Une opposition politique légale devient rapidement impossible, le gouvernement de Belgrade tendant à considérer toute critique comme une trahison. La « question nationale » — intra-yougoslave cette fois — empêche dès 1920 le fonctionnement efficace des gouvernements qui se succèdent et paralyse le système parlementaire. La crise explose violemment le 20 juin 1928, lorsque, en plein Parlement à Belgrade, un député du Parti radical tue deux députés croates et en blesse trois autres. Certains membres du gouvernement étant soupçonnés, sinon de complicité, du moins de complaisance à l'égard de l'attentat, la coopération serbo-croate semble définitivement compromise.

La dictature d'Alexandre

Forcé d'admettre que, selon ses propres termes, « la machine ne fonctionne pas », le roi Alexandre décide d'introduire un changement politique radical. Le 6 janvier 1929, le régime constitutionnel est aboli, l'Assemblée dissoute et la dictature royale proclamée. Une série de décrets supprime la liberté de la presse et interdit tous les partis politiques à caractère régional, national ou religieux. En outre, la division administrative instituée en 1920 sur le modèle français (33 départements) est abrogée et le pays est divisé en neuf provinces dont les limites ont soin de ne pas coïncider avec des frontières historiques à connotation nationale. Le royaume prend le nom de « Yougoslavie ». Mais ces mesures, imposées par la force, ne parviendront pas à provoquer la cristallisation d'une identité « yougoslave». Au contraire, l'instauration de la dictature engendre une atmosphère de méfiance réciproque et la conviction, pour un grand nombre de dirigeants de l'opposition, d'avoir été trompés depuis la création de l'Etat slave. Un des résultats de la dictature sera d'ailleurs le départ en exil d'un grand nombre d'hommes politiques, parmi lesquels Ante Pavelić (cette fois il ne s'agit plus du dirigeant de la Coalition serbo-croate, mais du futur dirigeant des Oustachis), dont les sentiments séparatistes se radicaliseront au contact de l'Italie fasciste et qui reviendra en 1941, sous la protection des forces de l'Axe, prendre la tête de l'«Etat croate indépendant» (NDH). Néanmoins, la dictature d'Alexandre jouit du soutien de la France, déterminée à maintenir à tout prix le système instauré à Versailles. Les dirigeants français espèrent en outre que le régime centraliste du roi contribuera à la puissance militaire et à la stabilité de la Yougoslavie alliée.

Le régime autoritaire d'Alexandre se trouve en difficulté dès l'hiver 1930-1931 : la dictature n'a pas résolu la «question nationale» et le mécontentement ne se limite pas à l'opposition croate. Les Serbes sont persuadés d'avoir trop sacrifié au nouvel Etat, particulièrement les libertés politiques dont ils jouissaient dans le royaume serbe d'avant-guerre. La crise économique mondiale, qui frappe durement la Yougoslavie, ajoute au mécontentement politique quasi général. Parallèlement, la position internationale de la Yougoslavie se détériore. Le 9 octobre 1934, le roi est assassiné à Marseille par des terroristes macédoniens et croates.

Les dernières années du premier Etat yougoslave se déroulent théoriquement sous la triple régence du prince Paul (cousin d'Alexandre), du ministre de la Culture Radenko Stanković et des gouverneurs croates Ivan Perović puis Ivan Subašić. Ces derniers n'auront toutefois guère de pouvoir réel. Si la « Constitution octroyée » de 1931 reste en vigueur jusqu'en 1941, le régent imprime à cette période un caractère nouveau. Grand admirateur des institutions britanniques, le prince se fixe un triple but : éliminer l'héritage de la dictature ; relâcher la censure politique et le contrôle militaire de la politique intérieure ; et résoudre le conflit serbo-croate. Les réformes sont introduites très progressivement, notamment avec l'éloignement de certains conseillers d'Alexandre et la libération de certains dirigeants de l'opposition emprisonnés sous la dictature, comme Vladko Maček, successeur de Stjepan Radić à la tête du Parti paysan croate. La plupart des partis reprennent progressivement leurs activités et des élections sont organisées en mai 1935, qui voient triompher l'Opposition unie, serbe et croate.

Dès sa naissance, la position géopolitique de la Yougoslavie, ainsi que sa situation interne instable, favorisent sur son territoire la rencontre conflictuelle des intérêts stratégiques des puissances européennes. Le Régent comprend rapidement que, pour préserver la Yougoslavie des convoitises de l'Italie fasciste et de l'Allemagne nazie, il ne peut compter que sur ses propres forces. Dès 1936, il s'attache donc principalement à résoudre la « question nationale », conscient que seul un Etat yougoslave uni et fort pourra résister aux menaces extérieures et que, face à une situation européenne explosive, une rébellion croate pourrait être fatale. Entre 1936 et 1939, des négociations ont donc lieu régulièrement entre les dirigeants croates et le gouvernement de Milan Stojadinović, parallèlement à une intensification des efforts de coopération entre les partis d'opposition croates et serbes. A partir de 1938, le sentiment d'urgence va croissant. Les pressions de plus en plus fortes de l'Allemagne sur le gouvernement yougoslave pour le faire adhérer au Pacte tripartite obligent les dirigeants serbes et croates à se faire des concessions réciproques afin de parvenir à un accord avant que la guerre n'éclate [5]. Cet accord, rédigé dans la précipitation, est conclu le 22 août 1939, dix jours avant le début de la Seconde Guerre mondiale. L'organisation de l'Etat yougoslave en est entièrement modifiée : une province autonome croate est créée *(Banovina Hrvatska)*, avec son propre Parlement *(Sabor)* — qui a le pouvoir de voter toutes les lois concernant l'administration du territoire croate — ainsi que son propre gouvernement local, dirigé par le *Ban* (gouverneur ou vice-roi), nommé par le roi mais responsable devant le *Sabor* uniquement. L'administration intérieure, la justice, l'éducation, la politique sociale, l'agriculture, le commerce et l'industrie ainsi que les finances, relèvent donc de la seule responsabilité croate. Les affaires étrangères et le commerce extérieur, la défense, la poste et les transports demeurent sous la responsabilité du gouvernement yougoslave. C'est un véritable système fédéral qui est instauré, mais qui ne prend en considération que les intérêts des Croates et des Serbes. Les aspirations des Slovènes et des autres peuples sont ignorées et une grande partie de l'opposition, qui n'a pas participé aux négociations, exprime rapidement son insatisfaction. L'armée, dont le pouvoir est nettement affaibli

---

[5] Ce sentiment d'urgence est clairement exprimé dans les mémoires de Vladko Maček, chef du Parti paysan croate : « Il devint clair bientôt que la situation internationale tendue ne permettrait pas aux affaires intérieures yougoslaves de continuer dans la direction qui leur était habituelle... La situation internationale se détériorant rapidement, je pensais que je ne pouvait négliger le moindre signe de bonne volonté de la part du côté adverse... » Vladko Maček, *In the Struggle For Freedom*, Pennsylvania University Press, 1957.

par la réorganisation du royaume, ne cache pas son mécontentement. De plus, le problème des frontières internes n'est pas réglé, un certain nombre de régions étant revendiquées à la fois par les Serbes et par les Croates (notamment la Bosnie et l'Herzégovine). Il s'avère rapidement que l'accord Cvetković-Maček [6] a été bâclé. Les divisions nationales, la signature du Pacte tripartite par le régent le 25 mars 1941 et le mécontentement presque général soulevé par l'accord conduisent, le 27 mars 1941, à un coup d'Etat militaire à Belgrade. Deux semaines plus tard, le premier Etat yougoslave, occupé par l'Allemagne et l'Italie, cesse d'exister.

La Seconde Guerre mondiale et le deuxième Etat yougoslave : 1941-1990

Le régent et le gouvernement avaient espéré, en signant le Pacte tripartite, éviter la guerre, du moins provisoirement. Pourtant, le 6 avril 1941, les forces de l'Axe bombardent Belgrade. La guerre ne dure que douze jours et la capitulation sans conditions de la Yougoslavie est signée le 17 avril ; le gouvernement, avec à sa tête le jeune roi Pierre II, choisit l'exil, en Grèce puis à Londres. L'Allemagne procède immédiatement au partage du territoire : le nord-est de la Slovénie et la Serbie sont occupés par l'Allemagne ; le sud-ouest slovène, une partie de la Dalmatie et le Kosovo

[6] Du nom des deux signataires : Vladko Maček en sa qualité de chef du Parti paysan croate et Dragisa Cvetković, Premier ministre yougoslave.

sont annexés par l'Italie ; la Macédoine est annexée par la Bulgarie ; les districts de la Mur et de la Backa à l'est sont repris par la Hongrie ; enfin Ante Pavelić est placé par Mussolini à la tête d'un Etat indépendant croate qui couvre la Croatie et la Bosnie-Herzégovine.

La guerre civile

Les forces se trouvant en présence sur le territoire yougoslave vont rapidement s'affronter dans une guerre impitoyable. En Serbie occupée, où siège le gouvernement collaborationniste du général Nedić, le général Draža Mihajlović, qui refuse la capitulation et soutient la monarchie, organise le mouvement de résistance des Tchetniks [7], animé d'un esprit ultra-nationaliste grand-serbe. Dès l'automne 1941, Mihajlović se résout pourtant à négocier avec les Allemands et, à partir de ce moment, sa lutte est surtout dirigée contre les partisans de Tito. Ce dernier, secrétaire général du Parti communiste yougoslave depuis 1937, organise, dès l'été 1941, le Mouvement de libération nationale (*Pokret Narodnog Otpora,* NOP). Lorsqu'il lance l'appel aux armes, c'est en partie en réponse à un appel du Comintern pour aider l'Union soviétique à résister à l'invasion allemande. Mais c'est également en considération d'intérêts plus directs : devant l'éclatement de la Yougoslavie, Tito prend conscience de l'opportunité qui se présente pour faire avancer la cause révolutionnaire et rallier les peuples yougoslaves sous la bannière commu-

[7] Dérivé du mot serbe/croate *četa*, « compagnie de soldats », ce mot désignait traditionnellement les guérilleros qui luttaient contre les Turcs sous l'empire ottoman.

niste. Sa lutte sera non seulement une lutte de libération, mais également un mouvement d'unification nationale, symbolisé dès le début de la résistance par le slogan «Fraternité et unité» *(bratstvo i jedinstvo)*. Par ailleurs, la conquête du pouvoir est au centre de sa stratégie dès 1941. L'idéologie que Tito met au service du triple processus de résistance, de transformation révolutionnaire de la société et de construction d'un Etat repose d'une part sur le concept de l'Etat multinational, qu'il prend dans son expérience de l'empire austro-hongrois, d'autre part sur la certitude, acquise en Union soviétique, que les institutions politiques, soudées par une idéologie forte, constituent l'instrument principal du pouvoir.

La tactique suivie par Tito au cours des deux premières années de la guerre est simple: d'une part, il fait jouer en sa faveur les divisions de la population et la multiplicité des mouvements de résistance. La situation sur le terrain est chaotique, et Tito pactise avec diverses forces selon ses intérêts du moment. D'autre part, il comprend que, pour être soutenu par les Alliés, il doit leur présenter l'image d'un mouvement de résistance uni autour d'un seul but: la défaite de l'Axe. Grâce à l'affaiblissement des Tchetniks à partir de 1942, à la désillusion de la population croate vis-à-vis du régime de Pavelić et aux défections de plus en plus nombreuses dans les rangs oustachis, la Résistance de Tito parvient à s'implanter dans toute les régions du pays. A partir de 1943-44, il devient de plus en plus évident qu'elle constitue l'unique mouvement de résistance efficace en Yougoslavie. Elle est la seule capable de mobiliser les populations sur tout le territoire yougoslave, puisqu'elle ne se réclame pas d'une identité nationale mais d'une idéologie. Malgré leur anticommunisme, les Anglais (rapidement suivis par les autres

Alliés) doivent reconnaître que le mouvement dirigé par Tito est nécessairement plus efficace que la résistance étroitement serbe et royaliste de Mihajlović.

En novembre 1942, Tito crée le Conseil populaire antifasciste de libération yougoslave (AVNOJ), qui jouera le rôle de gouvernement provisoire jusqu'à la fin de la guerre et posera les bases des institutions politiques régionales dans tous les territoires libérés. Sa seconde conférence, les 29 et 30 novembre 1943 à Jajce (Bosnie), est considérée comme l'acte fondateur de la deuxième Yougoslavie. Une Déclaration est adoptée sous forme de trois résolutions. La première résolution institue l'AVNOJ comme organe législatif suprême et gouvernement provisoire de la nouvelle Yougoslavie. La seconde supprime tous les droits ainsi que la légitimité du gouvernement yougoslave en exil et interdit le retour du roi Pierre II. La troisième est censée résoudre définitivement la « question nationale » sur la base de quatre principes : « 1) Les peuples de la Yougoslavie n'ont jamais reconnu le partage territorial par les forces d'occupation, et par leur lutte armée commune ils ont démontré leur volonté de rester unis. 2) Pour réaliser le principe de souveraineté des peuples yougoslaves, pour que la Yougoslavie soit la véritable patrie de tous ses peuples et qu'elle ne devienne plus jamais le foyer d'une puissance hégémonique, elle sera bâtie sur le principe fédéral, qui assurera l'égalité des Serbes, Croates, Slovènes, Macédoniens et Monténégrins. 3) En accord avec cette organisation fédérale seront créés dans les pays yougoslaves des conseils antifascistes nationaux, dont les délégués forment le plénum de l'AVNOJ. 4) Les droit des minorités nationales sont garantis au sein de la nouvelle Yougoslavie ». En novembre 1945, au cours d'élections organisées dans l'intimidation et la terreur des règlements de compte, la liste unique du « Front populaire » remporte 90 % des voix.

La République populaire fédérale

La République populaire fédérale de Yougoslavie est proclamée le 23 novembre, et sa constitution, calquée sur la constitution stalinienne de 1936, est adoptée le 31 janvier 1946. Le nouvel Etat est composé de six républiques (Slovénie, Croatie, Bosnie-Herzégovine, Serbie, Macédoine et Monténégro) et deux « provinces autonomes » (la Voïvodine et le Kosovo). Ce sera une fois encore un Etat fondé sur un modèle idéologique imposé par une élite politique et sans consultation des nations constitutives. Quel est ce modèle ?

Le Mouvement de libération nationale mobilise alors, on l'a dit, une large part de la population à travers tout le territoire yougoslave contre l'ennemi extérieur. Le succès de cette mobilisation repose sur deux facteurs : d'une part, toutes les nations yougoslaves se trouvant agressées et occupées sans distinction, la lutte contre l'ennemi a pour effet de restaurer entre elles « l'égalité ». D'autre part, cette égalité retrouvée permet l'organisation d'une résistance commune qui efface, du moins pour un temps, les conflits nationaux, et permet aux dirigeants de la résistance de prôner le règlement définitif de la question nationale. Puisque Serbes, Croates, Slovènes et autres combattent côte à côte, cela signifie qu'une coexistence est possible et que les conflits qui les avaient divisés précédemment étaient dus à la nature du régime politique « corrompu » (la monarchie bourgeoise) auquel ils étaient soumis, ainsi qu'à des ingérences extérieures.

Le programme de révolution sociale du Mouvement

de libération nationale renforce les fondements du nouveau système politique instauré par Tito et ses partisans. Le pouvoir se trouve conforté dans son rôle de représentant unique et véritable de « l'intérêt national », grâce à son identification à un triple symbole déifié : Tito/la Résistance/le Parti communiste, auquel le reste de la société est fortement « encouragé » à s'identifier à son tour. Le fait que ce triple pouvoir assure la sécurité et l'identité nationales face au danger externe ; qu'il annonce un programme de transformation sociale ; et qu'il dispose de moyens de pression concrets sur la société civile (utilisation de méthodes coercitives semblables à celles des Etats du bloc soviétique) renforce ses assises. A mesure que les mythes de la Résistance s'éloignent dans le temps et s'affaiblissent, le régime recourt de plus en plus à la force et à la répression pour enrayer toute tentative de revendication de type politique ou à caractère national. En 1948, la perception d'une nouvelle menace venant de l'extérieur (la confrontation avec Staline) vient consolider le régime. Le conflit qui l'oppose au Cominform, puis l'exclusion de la Yougoslavie de la communauté socialiste obligent les dirigeants à chercher une « voie yougoslave » spécifique : ce sera l'« autogestion » qui, instituée par la loi constitutionnelle de 1953, constituera, jusqu'aux années 1980, la clef de voûte du système politique et économique yougoslave.

Malgré son intention proclamée de respecter l'égalité entre les républiques et de leur accorder une large autonomie, la constitution de 1946 instaure un régime de type stalinien, caractérisé par une très forte centralisation du pouvoir entre les mains du Parti communiste et de son Bureau politique et par un étatisme économique prononcé. La création d'organes fédéraux régissant toutes les sphères de la vie politique, économique et sociale réduit le rôle des autorités des républiques à celui de simples exécutants. Les organes fédéraux se trouvant à Belgrade, la majorité des fonctions dirigeantes et de l'encadrement dans l'administration, la police et l'armée sont occupées par des citoyens serbes. On a souvent dit que Tito voulait faire une Yougoslavie forte en affaiblissant la Serbie. C'est vrai sur le plan territorial : les limites des républiques sont tracées à la fin de la guerre au détriment de la Serbie, puisque des régions considérées à l'époque de la première Yougoslavie comme en faisant partie — Voïvodine, Kosovo, Monténégro et Macédoine — en sont détachées. Toutefois, le pouvoir politique et économique reste concentré à Belgrade. Les Croates ayant rejoint la Résistance de Tito plus par désillusion vis-à-vis du pouvoir oustachi que par conviction communiste, le PCY recrute ses véritable fidèles, dès le départ et de plus en plus, parmi les Serbes et les Monténégrins. De nouveau, le sentiment d'inégalité se développe dans le second Etat yougoslave, notamment parmi les Slovènes et les Croates, qui estiment que leur position politique au sein de la fédération ne correspond pas à leur importante contribution économique.

Plus que communiste ou yougoslave, Tito est « titiste », c'est-à-dire qu'il désire être reconnu comme un homme d'Etat exceptionnel, qui a inventé un système politique et économique original. Soucieux d'assurer à son Etat un rôle clé sur la scène internationale, il ouvre les frontières dès le milieu des années 1960 et autorise l'importation de biens de consommation, ce qui va introduire dans la société yougoslave des valeurs traditionnellement associées au système capitaliste. L'autogestion qui, dans une certaine mesure, libéralise l'économie, contribue à une plus grande souplesse dans l'organisation sociale et conduit progressivement un certain nombre d'intellectuels à remettre en question le système, du moins dans son application pratique. Au cours des manifestations étudiantes entre 1968 et 1971, à Belgrade d'abord, puis à Ljubljana et à Zagreb, la société yougoslave connaît, pour la première fois depuis 1948, une situation de conflit ouvert. La question nationale, étouffée depuis la fin de la guerre, va redevenir l'enjeu central des conflits au sein de la société et de la classe dirigeante yougoslaves au cours du « Printemps croate » de 1971.

Pour les intellectuels croates ainsi que pour un grand nombre de dirigeants de la Ligue des communistes de Croatie, la théorie de « l'autogestion » joue, à partir des années 1965-66, un rôle capital dans l'élaboration des méthodes de contestation politique et nationale. Sous le couvert de revendications économiques, les dirigeants communistes croates demandent en fait que soit reconnue la spécificité culturelle de leur république. Tito comprend les dangers de cette remise en cause ouverte de sa politique et écrase le « Printemps croate » [8].

C'est à l'issue de ces événements qu'il élabore la dernière constitution yougoslave (adoptée en 1974). Ce texte pratiquement inapplicable — 430 articles ! — constitue le testament politique de Tito et son ultime tentative pour étouffer la « question nationale », tout en reprenant une partie des revendications des mouvements de contestation des années 1968-1974. Destiné à n'entrer en vigueur qu'à la mort de Tito, il confie la

[8] Des purges massives auront lieu non seulement en Croatie, mais également à Belgrade, où tous les dirigeants soupçonnés de complaisance à l'égard des revendications de libéralisation politique seront éliminés.

direction de l'Etat à une présidence collégiale, composée des présidents de chaque république et province autonome ; chacun d'eux devient président de la présidence pendant un an. Soumise au principe de la prise de décision par consensus, cette présidence rotative est censée éviter la domination d'une république sur les autres. Cependant, les tensions nationales extrêmement vives qui réapparaissent à la mort de Tito bloquent toute possibilité de fonctionnement de cet organe, qui cessera de diriger véritablement le pays dès 1987.

L'après-Tito

En 1981 apparaît un nouveau mouvement de contestation nationale qui coïncide avec la première année de la période post-titiste et marque le début du processus de désintégration de l'Etat yougoslave : en mars, les étudiants de l'université de Priština (capitale de la province autonome du Kosovo) manifestent pour l'obtention de meilleures conditions de logement et contre l'accroissement du chômage parmi les jeunes diplômés. Du côté des autorités serbes à Belgrade, comme du côté des manifestants, l'élément majeur du débat politique est en réalité la menace potentielle que constitue chacune des communautés pour l'existence et la survie de l'autre. En effet, les Serbes orthodoxes, qui constituaient 23,6 % de la population du Kosovo en 1961, n'en représentent plus que 13,2 % en 1981. Les Albanais, de leur côté, ne pardonnent pas à la minorité serbe sa position privilégiée dans les domaines politique, administratif et dans celui des services.

La fragilité de la fédération yougoslave commence à apparaître de manière spectaculaire en 1987, lorsque

Slobodan Milošević arrive au pouvoir en Serbie. Celui-ci va exploiter le ressentiment de l'opinion publique serbe vis-à-vis de Tito, qui a soustrait les deux provinces du Kosovo et de la Voïvodine à l'emprise directe de la Serbie. Sa popularité vient du fait qu'il parvient à redonner à la population serbe la « conscience nationale » étouffée par des décennies de communisme « titiste ». Milošević est le premier à comprendre que, pour survivre, son parti doit devenir le héraut d'un sentiment nationaliste croissant au sein de la population. Ce faisant, il facilite l'apparition et le succès d'autres « hérauts » du nationalisme, slovènes et croates, dont les dirigeants sont rapidement entraînés dans un jeu de surenchère. L'opposition politique serbe, qui commence à s'organiser à cette époque, en appelle elle aussi aux sentiments nationalistes pour faire face à la politique populiste de Milošević : dès 1990, une partie de cette opposition, notamment le Parti du renouveau serbe, se caractérise par un nationalisme au moins aussi virulent que celui de Milošević. Alors que ce dernier soutient le maintien d'une Yougoslavie unie, où la Serbie occuperait une position prépondérante, le Parti du renouveau serbe se fait l'avocat d'une dissolution de l'Etat yougoslave et de la création d'une « Grande Serbie ».

L'année 1990 est celle de la dislocation accélérée de la fédération. Après la désintégration de la Ligue des communistes de Yougoslavie en janvier, les institutions fédérales sont progressivement affaiblies et contestées, les unes après les autres, par les dirigeants des républiques. Des élections pluralistes sont organisées, et dans les campagnes électorales dominent des revendications nationales : on ne vote pas réellement pour de nouveaux programmes politiques, mais plutôt contre le régime communiste, et surtout contre les dirigeants d'une autre république. Partout, à l'exception de la Serbie et du Monténégro, le pouvoir communiste est remplacé par des autorités issues de l'opposition. De nouvelles constitutions sont adoptées par les républiques, qui donnent à leur législation la primauté par rapport à la législation fédérale, y compris au Kosovo, où une nouvelle constitution proclame le gouvernement par la majorité, l'autodétermination et l'indépendance de la République du Kosovo. Seule parmi les institutions fédérales, l'armée tente de préserver son caractère yougoslave, dont dépendent ses privilèges et son prestige. Les républiques du Nord, engagées sur la voie de la démocratisation politique et de la libéralisation économique, demandent la transformation de l'Etat yougoslave en une association souple d'Etats souverains. La Serbie et le Monténégro désirent, au contraire, un Etat plus centralisé, un gouvernement fédéral fort et le maintien de l'armée comme arbitre politique. L'affrontement est désormais inévitable.

Dès sa naissance, l'Etat des Slaves du Sud s'est trouvé pris entre deux conceptions antinomiques du politique en général et de l'Etat en particulier : d'une part la conception décentralisée et pluraliste, basée sur la souveraineté et l'autodétermination des nations constitutives de l'Etat, présente en Slovénie et en Croatie ; d'autre part, la conception unitariste et centraliste, basée sur le rôle unificateur et prédominant de la Serbie. Ces conceptions sont le résultat d'héritages impériaux différents (austro-hongrois et catholique pour les Slovènes et les Croates, ottoman et byzantin pour les Serbes) qui ont forgé des cultures politiques divergentes, sinon irréconciliables dans le cadre d'une unification imposée par des élites.

Outre les diverses cultures politiques qui sont à l'origine du projet yougoslave, certaines conjonctures historiques ont joué un rôle capital dans son élaboration. Deux fois au cours de son histoire, la Yougoslavie a constitué un enjeu géostratégique essentiel, et les puissances extérieures ont soutenu son unité. Pilier du «cordon sanitaire» dans l'Europe de Versailles, elle devient, après la Seconde Guerre mondiale, un territoire frontalier entre les deux blocs contrôlés par les Etats-Unis et l'Union soviétique. Pour chacun d'eux, elle joue alors le rôle d'une «fenêtre sur l'autre monde» et bénéficie de leur soutien à tous deux, tout en revendiquant un statut indépendant en tant que dirigeant du Mouvement des non-alignés. Mais, avec la fin de la guerre froide, la Yougoslavie comme pivot stratégique perd son intérêt: elle redevient un petit pays livré aux fantômes de son histoire.

Les contradictions et l'échec du yougoslavisme doivent donc être compris à la lumière de l'opposition entre les deux conceptions dominantes de l'Etat yougoslave d'une part, et des pressions externes d'autre part. La première pousse constamment le pays à l'éclatement, les secondes à l'union, du moins temporaire. Il semble évident que, outre le désir d'unification fondé sur le sentiment d'appartenance à une communauté de culture et d'histoire, c'est toujours la menace d'un danger externe qui pousse les nations de la Yougoslavie à rechercher l'union au sein d'un Etat commun. L'Etat yougoslave s'est toujours fait et défait dans des situations de crise, sous l'effet des grandes mutations du système international: fin de la Première Guerre mondiale en 1918, imminence de la Seconde en 1939, occupation des forces de l'Axe en 1941, avènement de «l'ordre de Yalta» en 1945, fin de la guerre froide en 1989. De ce fait, les accords d'unification sont toujours réalisés à la hâte, sous la pression des menaces de guerre, d'invasion, ou au contraire de désintérêt des grandes puissances sur lesquelles on estime ne plus pouvoir compter en cas d'agression. Aussi les populations ne sont-elles jamais consultées, et les accords sont-ils conclus par des élites éloignées des intérêts objectifs de chaque nation. Chacun met un contenu différent dans le concept d'un Etat commun et le yougoslavisme abstrait, élaboré dans le but de forger une identité nationale nouvelle, ne parvient pas à s'enraciner. Dans le premier Etat yougoslave, le yougoslavisme est identifié dès les années 1930 à la dictature royale ; dans le second, il sera synonyme du régime totalitaire issu du Mouvement de libération nationale. A cause de ces connotations négatives, l'Etat dont il est censé constituer le fondement idéologique ne peut pas résister aux forces centrifuges dans les moments de crise internationale aiguë. Le premier Etat yougoslave succombe à la pression des forces de l'Axe, le second à l'effondrement du bloc communiste.

L'héritage titiste
Des mythes de Tito aux démons de la nation

par Stevan K. Pavlowitch

Qui se souvient encore du temps où la Yougoslavie socialiste du maréchal Tito attirait l'admiration et l'envie ? Qui se souvient du discours de ses dirigeants sur la façon dont ils étaient arrivés au pouvoir, dont ils avaient réunifié les populations de la région dans la résistance au fascisme, dont ils avaient résolu tous les problèmes du pays ? Qui se souvient de tout cela, aujourd'hui que le pays des Slaves du Sud est le moribond des Balkans et s'inflige à lui-même sa propre « balkanisation » ?

C'est bien dans les Balkans que la Méditerranée s'est fracturée, dans cette péninsule faite de failles et de lignes de partage, mais aussi de passages et de carrefours. La Yougoslavie en particulier est cette zone de transition entre les anciens plateaux du sud, les jeunes montagnes de la côte et les plaines du nord, où se sont croisés et affrontés les Slaves et l'empire romain, la puissance franque et Byzance, l'empire des Habsbourg et celui des Ottomans, mais aussi, plus récemment, les blocs de la guerre froide, l'Europe et le Tiers Monde.

Les pays yougoslaves ont toujours été dans leur ensemble, certes les marches d'une frontière ou d'une autre, mais encore plus une région de passage et d'échanges, souvent neutre, grise ou non alignée.

Nous abordons souvent la Yougoslavie avec des idées fausses. Maintenant qu'elle se saborde, on la dit construction artificielle. Le mouvement yougoslave remonte pourtant à la fin du XVIIIe siècle. Pour autant qu'il ait été le fait d'élites intellectuelles, il n'entraîna pas moins l'imbrication de deux conceptions pratiques que la Grande Guerre vint coordonner. L'une émanait de la Serbie qui avait obtenu son indépendance de l'empire ottoman. Cette tendance prenait conscience du fait que l'unification de tous ceux qui se disaient ou que l'on disait serbes ne pouvait advenir qu'à la disparition des empires, aussi bien l'autrichien que le turc, et qu'elle ne pourrait se faire qu'au sein d'un Etat qui rassemblerait tous les Yougoslaves (en fait des Croates et des Slovènes avec les Serbes, selon les conceptions de l'époque). L'autre tendance était celle des élites croates et slovènes de la monarchie habsbourgeoise. Elle se rendait compte qu'il fallait s'entendre entre Slaves apparentés, en tout premier lieu avec les Serbes que le brassage des guerres avait amenés en Croatie, afin de tenir tête aux nations dominantes de l'Empire — les Austro-Allemands et les Magyars.

Lorsque l'unification fut proclamée le 1er décembre 1918, elle venait à la fois trop tôt et trop tard. Trop tôt, parce que ce qui n'était encore qu'un idéal lointain en 1914 était devenu une nécessité en l'espace de quelques mois, à la fin de 1918, après quatre ans d'incertitude : les chefs de file des différentes communautés n'avaient pas eu le temps de mettre au point un accord précis sur les modalités de l'unification. Trop tard, dans la mesure où le rêve d'intellectuels du XIXe siècle se transforma en réalité à un moment où la formation de trois identités sud-slaves – serbe, croate et slovène – était déjà bien avancée. La Grande Guerre consacrait le triomphe de l'Etat national, par une formule qui devenait universelle au moment où elle était déjà dépassée. Dans le cas de la Yougoslavie, elle mêlait passé, présent et avenir autour d'une lecture téléologique de l'histoire selon laquelle Serbes, Croates et Slovènes n'étaient que trois branches d'une même nation, ce qui était encore un idéal tout en étant déjà une illusion. La dualité de l'idée yougoslave, doublée d'une confusion entre le modèle français, politique et jacobin, et le modèle allemand, culturel et herderien, de la nation permettait aux Serbes de faire passer leur propre idéologie nationale pour une idéologie yougoslave, comme elle permettait aux Croates de dissimuler un aspect exclusif de leur idéologie nationale derrière son aspect ouvert aux autres Yougoslaves.

Loin d'être une «création de Versailles», la Yougoslavie dut s'imposer à l'Europe, même si celle-ci finit par la trouver à son goût. Elle eut le mérite de réunir la grande majorité de ceux qui se sentaient Serbes, Croates ou Slovènes dans un Etat commun. Elle ouvrait à des communautés apparentées (et entremêlées, pour ce qui est de l'aire serbo-croate) des perspectives de développement économique et politique. L'intégration de ces territoires et de ces populations aurait été difficile à accomplir même dans les conditions les plus favorables. Avec des arrangements constitutionnels bâclés, l'apparition de nouvelles idéologies totalitaires, la crise économique, et le roi Alexandre qui mit fin au régime parlementaire en 1929, les difficultés furent multipliées.

Si le royaume vint au monde grâce à la Première Guerre mondiale, ce fut la Seconde qui mit fin à ses jours. En détruisant cette première Yougoslavie, les puissances de l'Axe firent de leur mieux pour exaspérer toutes les tensions qu'elles y trouvèrent. Elles firent appel au mouvement séparatiste croate oustacha pour établir sur ses ruines une Grande Croatie, indépendante mais satellite, qui s'étendait jusqu'aux portes de Belgrade, et qui, pour englober tous les Croates, comprenait presque autant d'« allogènes ». Ce régime entreprit une *Endlösung* de sa « question serbe » qui déchaîna un épouvantable cycle de massacres et se solda, pour les Serbes, par quelques centaines de milliers de vies [1].

La jeunesse de la Yougoslavie communiste

Disloquée par la Seconde Guerre mondiale, la Yougoslavie fut pourtant restaurée par les communistes. Internationaliste par idéologie, le Parti communiste de Yougoslavie n'avait pas manifesté beaucoup de suite dans les idées sur la question nationale. Il avait commencé par être unitariste, puis favorable à la désintégration de la Yougoslavie pour suivre la ligne du Comintern, avant de se convertir au fédéralisme. Pendant la guerre, les communistes s'étaient insérés dans

---

[1] Les travaux de Bogoljub Kočović *(Žrtve drugog svetskog rata u Jugoslaviji*, Londres, Naše delo, 1985) et de Vladimir Žerjavić *(Gubici stanovništva Jugoslavije u drugom svetskom ratu*, Zagreb, Jugoslavensko viktimološko društvo, 1989) auraient dû mettre fin aux batailles de chiffres sur le nombre de victimes de la guerre, notamment des Serbes massacrés par les oustachas. L'un Serbe, l'autre Croate, ils sont parvenus, par des calculs démographiques, à des estimations voisines.

la résistance des Serbes de l'Etat oustacha, mais ils avaient aussi utilisé la notion d'« hégémonie serbe » – expression utilisée par le Comintern contre la Yougoslavie jusqu'en 1935 – pour se faire valoir auprès des autres nationalités. La chute de l'ordre nouveau d'Hitler, qui avait voulu refaçonner l'Europe en fonction des hiérarchies et des besoins du nazisme, avait favorisé le retour aux formations étatiques d'avant-guerre, renforcées en Europe de l'Est par le dessein de pouvoir et l'internationalisme du communisme.

Parvenu au pouvoir, le Parti communiste de Tito fit donc une « deuxième » Yougoslavie, sous forme d'une fédération de peuples apparentés, ce qui était à la fois plus réaliste et plus imaginatif que le projet unitaire et centralisateur de la monarchie. La réunification par le Parti communiste n'aurait toutefois pas eu lieu sans l'unification de 1918. Et par ailleurs, la nouvelle Yougoslavie, toute fédérale qu'elle fût dans la forme, connut en fait un régime centralisé, celui du Parti communiste.

Dans leur poursuite du pouvoir, les communistes avaient adopté le principe du pluralisme ethnique et des formes fédérales calqués sur le modèle soviétique, pour servir de paratonnerre aux émotions nationales tant que le communisme ne les aurait pas éliminées. En plus des trois unités slovène, croate et serbe, la partie yougoslave de la Macédoine fut érigée en république pour les Macédoniens, reconnus comme nationalité distincte des Serbes. Le même statut fut octroyé au Monténégro, dont les habitants furent encouragés à s'identifier avec l'histoire de ce territoire plutôt qu'avec une idée plus étendue de la nation serbe, ainsi qu'à la Bosnie-Herzégovine, conservée indivise dans ses limites autrefois ottomanes puis austro-hongroises à cause de la complexité de ses trois composantes religieuses. Deux régions autonomes furent enfin établies au sud et au nord de la république de Serbie, Kosovo et Voïvodine, qui avaient été à tour de rôle le berceau de la Serbie, au début de son développement au Moyen Age et à l'époque moderne respectivement. Il s'agissait d'appliquer le modèle soviétique à des régions frontalières avec des minorités ethniques non yougoslaves, mais aussi de réduire l'étendue de la Serbie par rapport à la Croatie.

Le Parti communiste avait sorti les Yougoslaves de la guerre. Il avait fourni refuge et organisation aux Serbes des régions occidentales qui tentaient de se dresser contre la «solution finale» que leur destinait le régime oustacha. Il avait permis à ceux d'entre les Croates qui s'étaient battus pour les oustachas, qui avaient servi leur régime, qui avaient été leurs sympathisants, ou qui les avaient simplement acceptés, de ne pas se retrouver avec les nazis du côté des vaincus: les communistes n'avaient pas posé de questions aux collaborateurs qui avaient rejoint leurs partisans. Il avait donné une identité et un territoire aux Slaves de Macédoine que personne jusqu'alors n'avait reconnus. Il avait arrondi le domaine des Slovènes et des Croates aux dépens de l'Italie.

Pour toutes ces populations, le Parti communiste avait évité à la Yougoslavie la débâcle, l'occupation par les vainqueurs et la partition. C'était là un premier titre de légitimité, en dépit de toutes les compromissions et manipulations auxquelles il s'était livré, et de toutes les souffrances qu'il avait imposées au cours de sa conquête du pouvoir.

Pour consolider ce pouvoir, les communistes pratiquèrent un jeu d'équilibre entre les nationalités, encourageant les groupes périphériques pour affaiblir le noyau des Serbes et des Croates qu'ils voulaient égaliser et neutraliser. Le fédéralisme communiste à ses débuts n'était qu'une forme. L'intégration idéologique et le principe du parti unique n'avaient fait que remplacer, avec plus de rigueur, la politique d'intégration ethnique de la monarchie et son principe de nation unique. Dans un Etat où le haut du pavé était en fait tenu par des groupes minoritaires, idéologiques ou ethniques, la division fédérale n'en donna pas moins immédiatement naissance à des élites politiques régionales, appelées à se développer avec la décentralisation qui fit suite à l'excommunication de 1948.

La prise du pouvoir par le Parti communiste fut une révolution menée au nom d'une classe ouvrière qui existait à peine, avec le soutien d'importantes sections d'une paysannerie qu'il fit de son mieux pour détruire en tant que classe sociale. Le Parti transforma ses combattants paysans en bureaucrates, avant de sacrifier l'agriculture sur l'autel d'une industrialisation destinée à créer une classe ouvrière communiste.

Le schisme de 1948 fut l'événement décisif. En donnant naissance au «titisme», il renforça la légitimité patriotique du régime communiste mené par Josip Broz Tito mais, en le séparant de sa source, il divisa aussi le Parti communiste de Yougoslavie, non pas en staliniens et antistaliniens, mais en staliniens réalistes (les «titistes») et staliniens idéalistes (les «cominformistes»). Les premiers, ceux qui firent confiance à Tito et demeurèrent dans les structures du pouvoir, persécutèrent alors les derniers, ceux qui avaient choisi de rester fidèles au Cominform.

On pourrait faire remonter le déclin du communisme yougoslave à cette date capitale, et dire que ce furent ces mêmes communistes, ceux qui choisirent Tito et le pouvoir, qui, plus tard, en vinrent à accepter le nationalisme, puis les élections libres, voire la suppression du

Parti, toujours afin de se maintenir au pouvoir. Le régime de Tito devait acquérir un caractère spécifique dû à ces circonstances historiques, sans jamais renoncer à ses origines ni à ses aspirations totalitaires, d'autant plus que, sans l'expérience acquise par Tito à l'école de Staline, la Yougoslavie et son Parti communiste n'auraient jamais pu tenir tête à ce dernier. Tout en voulant être considéré comme un des chefs historiques du mouvement communiste international, Tito ne se considéra jamais comme l'incarnation d'un défi lancé à l'Union soviétique. Il n'avait pas cherché la rupture, ni n'en avait prévu les conséquences. Lorsqu'il voulut redonner force à son régime, ce fut toujours en revenant à de vieilles notions, jamais en allant de l'avant avec de nouvelles idées.

Par rapport à l'Union soviétique et à ses satellites, la Yougoslavie vécut dans un climat de liberté relative, ce qui légitima encore plus Tito aux yeux d'une grande partie de la population, mais aussi de l'Occident antisoviétique. Les paysans purent produire librement pour le marché. Il y eut croissance économique acquise, il est vrai, aux dépens de la rentabilité. Le pays s'ouvrit culturellement. L'intelligentsia fut à peu près libre de penser et de créer, et ne pâtit pas outre mesure, même en période de répression, car celle-ci était sélective. Sous le gouvernement du Parti, devenu Ligue des communistes de Yougoslavie en 1952, la manipulation de doses variables de liberté alla de pair avec l'évocation et la satanisation d'ennemis les plus divers, réunis en complots par la propagande officielle.

Dans les vingt ans qui suivirent l'excommunication du Parti communiste de Yougoslavie, le fédéralisme s'établit solidement dans le fonctionnement du système et finit même par prendre des couleurs de confédéralisme. La distribution de biens sociaux avait été un des moyens employés à l'origine par le Parti pour se rendre populaire. La création d'une nouvelle élite politique et l'industrialisation poussée à la soviétique entraînaient une très grande mobilité sociale. Après le chaos de la guerre, la population était plus disposée à accepter un pouvoir centralisé et autoritaire, au surplus soutenu par un appareil répressif omniprésent et par l'appât du progrès économique.

Dans les années soixante, ces motivations allaient perdre de leur force et, au sein de l'élite politique, l'idéologie s'estompa pour faire place à la volonté de jouir des privilèges que lui avait donnés le pouvoir. Le tout dans un climat de concessions tactiques, de répression de plus en plus sélective, de tolérance pour la représentation d'intérêts particuliers à l'intérieur de certaines limites... et d'une aide occidentale généreuse.

Nationalisme et langue de bois

Le régime ne pouvait pas dispenser plus de liberté politique pour satisfaire les nouvelles générations, ni même plus de liberté économique. Mais il pouvait fermer plus ou moins les yeux sur l'expression de sentiments nationalistes. Comme cette liberté-là minait l'aile conservatrice du Parti, les réformateurs décentralisateurs l'encouragèrent. De formel qu'il avait été à ses débuts, le système fédéral finit par devenir réel, et les directions régionales de la Ligue des communistes prirent de plus en plus de responsabilités. Elles en vinrent à assumer la représentation des intérêts des républiques.

A la fin des années soixante, le Parti dut faire face

à un nationalisme multiforme, qu'il croyait avoir éliminé. On vit alors que la « question nationale » était bien plus grave que dans les années trente, lorsqu'elle se manifestait avant tout en termes constitutionnels et politiques : elle avait acquis une dimension économique, sociale et culturelle. D'autres nationalités avaient été reconnues, encouragées en proportion inverse de leur importance numérique ou de leur « ancienneté » historique, afin de morceler la population en catégories plus petites, donc plus faciles à intégrer par le communisme.

La situation exigeait une redistribution des pouvoirs. Pris entre « nationalisme » et « libéralisme », aussi bien au sein du Parti que dans ce que les autorités jugeaient être les prodromes d'une opposition pan-yougoslave, le pouvoir prit peur. Tito intervint personnellement en 1968-71 pour restaurer une fois de plus l'unité politique et l'orthodoxie idéologique. Il le fit en renonçant à ce qui était déjà l'ébauche d'une économie de marché, en revenant au principe du centralisme démocratique au sein du Parti, en ayant de nouveau recours à des épurations et à des manipulations ethniques.

L'ordre fut restauré ; on mit fin, entre autres, à l'hérésie nationaliste des dirigeants communistes de Croatie, puis à l'hérésie libérale de leurs homologues de Serbie. Les indésirables, qui étaient aussi les plus ouverts, les plus réformistes et les plus populaires, furent limogés. La constitution de 1974 transforma la Yougoslavie, qui avait été reconstituée à la fin de la guerre comme une fédération de nationalités, en une confédération de territoires. Quatrième loi fondamentale du régime de Tito, sixième de la Yougoslavie, elle était aussi la plus longue, la plus verbeuse et la plus confuse, alliant les deux plus grands maux du communisme yougoslave de l'époque, le nationalisme et la langue de bois.

En principe, la constitution de 1974 se présentait comme l'aboutissement du développement socialiste du pays, comme une charte de la classe ouvrière qui gouvernait le pays par délégations autogestionnaires interposées. En réalité, le pouvoir prenait le parti d'institutionnaliser, en vue de l'endiguer, ce nationalisme qu'il ne pouvait plus contrecarrer, en donnant aux parties — les républiques et les provinces — de plus grands droits qu'au tout — la fédération. Les prérogatives du gouvernement fédéral furent réduites à la défense, aux affaires étrangères, à certaines fonctions limitées de politique économique et financière, ainsi qu'au maintien général de l'ordre constitutionnel. Même dans ce domaine réduit, toute décision fédérale ne pouvait se prendre que par consensus de toutes les directions régionales. Quant à la « délégation », le nouvel ordre assurait qu'elle se ferait en fait de haut en bas, à partir de Tito par les directions républicaines, avant d'être perpétuée par cooptation.

Quarante ans d'expérimentation constitutionnelle aboutissaient ainsi à une charte qui se voulait perpétuelle, qui congelait le système et qui assurait la survie de l'œuvre de Tito. L'idéologie avait perdu sa magie, mais Tito avait tout de même réussi à maintenir le pouvoir du Parti en en féodalisant les structures. En Croatie, il avait épuré une direction devenue populaire et populiste, promouvant de pâles apparatchiks flanqués de Serbes de Croatie fidèles à sa ligne. En Serbie, il avait limogé ce qu'il y avait de plus ouvert dans la nouvelle génération des dirigeants, et poussé les provinces autonomes, en tout sauf en titre, au rang de républiques : la Serbie était en fait divisée en trois unités fédérées, et son gouvernement perdait le contrôle sur ses provinces. Serbes et Croates étaient ainsi humiliés et soumis à Tito, qui demeurait plus que jamais l'arbitre de leurs différences.

Il n'y avait plus d'espoir de réformes significatives de transition vers la démocratie. Il ne restait plus aux nomenklatura des républiques, tenues en équilibre de discorde, qu'à se faire une base par leur nationalisme sectaire.

Les sentiments nationalistes se coulèrent dans ces moules. Ils remontaient à la surface sous la poussée des déboires du présent, des soucis pour l'avenir et des nostalgies du passé. Toute possibilité de discussion ouverte sur les graves problèmes du pays étant écartée, l'identité nationale, à cause de son caractère intensément émotif, s'insinua dans toutes les questions. L'aspiration à la liberté d'expression se trouva rétrécie à celle de se proclamer Serbe, Croate ou Macédonien. La foi en une idéologie communiste supranationale ayant failli, les gens retrouvèrent la communauté à laquelle ils se sentaient appartenir. Les griefs d'ordre économique et social, voire politique, furent de plus en plus ressentis comme étant d'ordre ethnique.

L'identification croissante de chaque république avec un groupe ethnique particulier ne fit qu'augmenter le malaise des Serbes, déjà très perturbés par les événements au Kosovo : dans cette province autonome qui, théoriquement, faisait partie de la république de Serbie, la pression démographique de la population albanaise réduisait sans cesse la part des Serbes, alors que les cadres albanais de la Ligue des communistes poursuivaient, semblait-il, l'objectif de faire du Kosovo une république albanaise fédérée.

Dès les années soixante, les Serbes s'étaient mis à réfléchir sérieusement aux conséquences de leur dispersion. Au recensement de 1981, pour les 4,9 millions qui vivaient en ce que l'on appelait la « Serbie intérieure» (ou «petite Serbie», *uža Srbija*), c'est-à-dire la république de Serbie sans les deux provinces autonomes, il y en avait 3,3 vivant ailleurs en Yougoslavie, sans compter quelque 600 000 cousins, pour ne pas dire frères, monténégrins et les Serbes qui s'étaient déclarés «Yougoslaves» (sans doute la majorité dans cette catégorie, représentant une forte proportion des Serbes de Croatie). Cela pouvait donner jusqu'à 4 millions de Serbes dans ce qu'on allait appeler la «diaspora» en Yougoslavie, pour 4,9 millions en «Serbie intérieure».

La division territoriale du pays, acceptable comme structure administrative et politique, ne l'était plus dès lors qu'elle devenait un cadre pour l'établissement de petits Etats nationaux dans une Yougoslavie «balkanisée». L'opinion serbe était contrariée de n'avoir apparemment tiré aucun avantage de l'identification de sa direction régionale avec le pouvoir central. Ce n'était évidemment pas ce que ressentait l'opinion dans d'autres républiques, qui voyait surtout une représentation disproportionnée des communistes serbes dans la hiérarchie dirigeante.

Tito avait mis en place une équipe de diadoques, médiocres apparatchiks sélectionnés pour remplacer les épurés de l'élite montante des années soixante. Cette direction collective fut bientôt gratifiée du surnom dérisoire de «Tito et les huit nains». De son vivant, le système parut encore fonctionner, maintenu en place par son autorité personnelle et par une dette extérieure de plus en plus grande. Tito mort, le titisme pouvait-il continuer?

La mort de Tito et la fin des crédits

Grâce à son pouvoir d'arbitrage, Tito avait donné l'impression que le système qu'il avait édifié pouvait fonctionner, alors qu'il avait surtout construit un décor pour l'exercice de sa volonté. Ses admirateurs occidentaux ne virent pas qu'il n'existait ni institution au sein de laquelle différents groupes d'intérêts auraient pu résoudre leurs démêlés, ni climat de tolérance capable de contenir les soubresauts ethniques.

C'est dans la façon dont Tito a maintenu l'unité de la Yougoslavie qu'il faut rechercher l'explication de la désintégration de ce pays. Car celle-ci avait été préparée par une constitution impraticable, qui permettait aux dirigeants locaux de s'ériger en potentats farouchement rivaux entre eux, mais loyaux au potentat suprême. Lorsque le monarque eut été porté en terre, la constitution de 1974, coincée entre une rhétorique de plus en plus absurde et les rivalités de factions nationales, s'immobilisa peu à peu. Le gouvernement des « nains » continua cahin-caha pendant encore dix ans, alors que le titisme s'effritait chaque jour davantage.

Dans le vide moral créé par les changements rapides, la plupart des cadres n'avaient pensé qu'à faire avancer leurs intérêts personnels, et le titisme avait fini par devenir synonyme de corruption. Le régime avait institutionnalisé les intérêts locaux par un système complexe d'équilibres et de contrôles, qui avait, certes, donné à la Yougoslavie dix ans de stabilité, mais au prix d'une aggravation des problèmes économiques et d'un affaiblissement des moyens dont disposait le pouvoir.

Le régime était à la fois autoritaire et paralysé, empêtré dans une énorme et triple bureaucratie (de l'Etat, du Parti et de l'économie) maintenue par une économie en crise. Il n'osait pas renoncer à ses deux sources de légitimité, le président défunt et la lutte des partisans. Il n'osait pas non plus se tourner vers de nouvelles sources de légitimité, telles que l'aptitude à gouverner et le soutien de l'opinion. Il attribuait son manque de stabilité à la subversion, à la conspiration, alors qu'il provenait tout simplement de la discorde entre les différentes sections des milieux dirigeants.

Après la mort de Tito, une partie croissante de l'opinion se mit à aspirer à plus de pluralisme, à plus de légalité, à plus de rationalité, à plus de réalité. L'intelligentsia le réclama à cor et à cri entre 1985 et 1987, surtout en Slovénie et en Serbie. Il était évident que la façade d'autogestion socialiste et de coopération fédérale parvenait de moins en moins à dissimuler la crise de régime. Un mouvement d'opposition, informe et non coordonné, apparut et s'étendit même à certains membres du Parti. Son but était d'introduire dans la société et dans le gouvernement les règles élémentaires d'un comportement généralement accepté comme «civilisé». Une atmosphère de *glasnost* contribua au développement d'un débat public où tout était passionnément discuté. L'action découlant de ces débats devait pourtant rester chétive, lente et désorganisée.

La Yougoslavie n'était qu'un exemple de plus de la tension entre régime et société en Europe de l'Est. Ce qui la distinguait des autres, c'est que depuis quarante ans le Parti communiste était à la recherche de moyens de se légitimer indépendamment de l'URSS et de rendre son économie plus efficace, sans perdre son monopole de pouvoir.

Toutes les réformes économiques depuis le début des années soixante avaient été des compromis adoptés par une direction divisée et hésitante. Appliquées avec tiédeur, oubliées et puis reprises plus tard, elles avaient toujours été plus apparentes que réelles.

La dernière étape de la « voie yougoslave vers le socialisme », à partir des années soixante-dix, avait été « l'économie harmonisée », appelée ainsi parce que les directions politiques s'accordaient tant bien que mal sur les pressions à appliquer. Il s'agissait d'« harmoniser » les forces du marché, telles qu'elles avaient été libérées, avec les résultats que l'on voulait obtenir. Mais tout cela reflétait les perceptions que les différentes directions avaient des intérêts de leur propre territoire, souvent au détriment des intérêts des autres régions ou des intérêts plus généralement yougoslaves. La poursuite de buts régionaux sous contrôle politique avait amené chacune des hiérarchies régnantes à investir à l'intérieur de son propre territoire, quel qu'en soit le prix, pour conserver le contrôle de son capital, aggravant ainsi les différences régionales, alors que l'appétit des consommateurs avait été stimulé par l'endettement qui faisait fonctionner le système avec de l'argent fictif.

Lorsque les crédits se tarirent, dès 1987, une grande partie de l'opinion populaire fut d'accord avec les intellectuels pour trouver que le système politique était responsable de la crise, et que des changements radicaux étaient nécessaires. L'incapacité des dirigeants mis en place par Tito à faire face à cette crise désormais suraiguë conduisit non seulement à leur délégitimation, mais aussi à celle de l'Etat. Une véritable révolte ouvrière partie de l'industrie lourde de Croatie s'étendit pendant plusieurs mois de 1987 à tous les secteurs et à toutes les républiques. Mais les divisions nationales prirent le dessus, encouragées par le pouvoir qui les manipulait. Les ressentiments furent détournés des problèmes réels par un discours nationaliste.

Milošević et Marković

Les dirigeants des républiques choisis par Tito en 1971 n'éprouvaient pas le besoin de se justifier en faisant appel à des idées ; il leur suffisait d'avoir été choisis par Tito. Encore moins crurent-ils devoir le faire après sa mort. Ils se comportèrent comme si le titisme n'avait été, pour eux, qu'une longue transition du stalinisme au nationalisme. Du vivant de Tito, ils avaient menti pour la plus grande gloire d'une Yougoslavie qui jouissait d'un certain prestige – pour illusoire qu'il ait été – et d'appuis solides. Après sa mort, ils mirent leurs arguments au service de prétendus Etats-nations assimilés aux républiques.

Huit différents modèles de communisme yougoslave s'étaient ainsi développés au cours des années quatre-vingt, transigeant plus ou moins avec des forces considérées jusque-là comme incompatibles avec le socialisme, afin de maintenir au pouvoir les dirigeants en place, selon des stratégies qui variaient de république à république.

Tout en étant le groupe ethnique le plus nombreux, les Serbes se voyaient réduits à n'avoir qu'une voix sur huit républiques et provinces au sein des instances suprêmes de la fédération. Le système leur apparaissait comme ayant été conçu aux dépens de leurs intérêts, avec l'aval de la direction communiste de leur république. Mais en même temps, le rôle saillant joué par les communistes serbes dans l'élite politique du pays les faisait apparaître sous un jour défavorable dans la plupart des autres régions.

La Slovénie avait développé, petit à petit, une version de plus en plus humanisée qui offrait justement ce que ne faisaient ni la fédération dans son domaine ni les autres républiques : un espace où les différents intérêts pouvaient agir les uns sur les autres, où le pouvoir pouvait évaluer le sentiment de l'opinion. Il agissait ainsi plus ouvertement et obtenait de meilleurs résultats économiques. Cette ouverture se faisait dans des conditions très particulières, avec une population ethniquement homogène, déjà dotée d'un environnement plus prospère. Pourtant la position privilégiée de la Slovénie se traduisait aussi par la plus forte baisse des revenus réels, poussant ainsi la direction de cette république à s'opposer à toute tentative de donner au gouvernement fédéral le pouvoir d'élaborer une politique économique à l'échelle yougoslave. L'adoption d'un discours chauvin ne devait pas contribuer à dissiper les préjugés antiréformistes de la plupart des coteries communistes ni les soupçons d'une certaine sensibilité serbe.

En Croatie, une direction faible, impopulaire et dogmatique tâchait d'acquérir une légitimité douteuse en adoptant une attitude trop souvent négative envers tout ce qui venait de Belgrade, et en s'alignant de plus en plus derrière la Slovénie. La Bosnie-Herzégovine sortait à peine d'un long règne de corruption, de malversations et d'autoritarisme arbitraire. La Macédoine se tenait tranquille, cachant sa propre minorité albanaise en expansion. Elle avait besoin de la solidarité yougoslave pour survivre aussi bien économiquement qu'ethniquement, les républiques plus riches en ayant assez de subvenir à ses besoins, et ses voisins extérieurs ne reconnaissant pas l'existence d'une nation macédonienne.

A la fin de cette décennie, la République socialiste fédérale de Yougoslavie n'était plus qu'un hybride indéfinissable. Elle était devenue de fait une confédération, non pas par la réunion d'Etats préexistants, mais par la dégénérescence de ses institutions d'origine. Ses liens internes étaient devenus si lâches qu'il aurait dû être évident à tous qu'elle ne pouvait que se dissoudre complètement à moins de vouloir devenir une fédération véritable, établie cette fois sur des fondations plus profondes et plus solides que celles de la « première » Yougoslavie, royale, ou de la « seconde », populaire puis socialiste. Ainsi, les conflits ethniques devaient être beaucoup plus la conséquence que la cause de la paralysie du régime hérité de Tito.

La désintégration du communisme en Yougoslavie porta toutes les contradictions du système à leur point culminant, tout en en faisant réapparaître au grand jour les fissures désormais béantes. Le communisme s'accommoda du chauvinisme ou lui céda la place. La politique du Parti ayant été fondée sur une lutte constante contre des ennemis omniprésents, le nationalisme reprit naturellement la grammaire du communisme, même lorsqu'il en rejeta le vocabulaire. Il s'agissait moins de lutter pour quelque chose que de lutter contre. L'esprit de négation l'emporta, satanisant l'autre, qu'il fût communiste ou, le plus souvent, d'une nationalité voisine.

Le particularisme ayant été assumé par les bureaucraties régionales, les différentes communautés nationales s'en prirent les unes aux autres, chacune rejetant sur l'autre, ou sur les autres, la responsabilité de tous ses maux — sur le passé des autres, sur leurs suzerains étrangers, sur les sièges à l'étranger de leur religion ou de leur idéologie — , laissant leurs apparatchiks communistes libres de continuer à mal gérer les conflits économiques entre les républiques.

Les nouveaux dirigeants « nationaux », plus faibles et moins capables que Tito, avaient tous été à son école. Si le modèle de domination avait peu évolué, la légitimation idéologique était en train de changer, passant des intérêts de classe à ceux de la nation. L'opposition faisait de même. De socialiste-démocratique ou sociale-démocratique qu'elle avait été afin de pouvoir critiquer le pouvoir, elle devenait nationaliste-démocratique ou nationale-socialiste. S'appropriant les cultures nationales avec l'appui des religions, toujours aptes à se transformer en cléricalismes, le modèle contribuait à la consolidation d'une identité purifiée, ainsi qu'à la destruction des projets communs, non seulement le projet idéologique communiste, mais aussi les projets politique, culturel et économique.

Le mal s'accéléra à partir de 1987. C'est alors que Slobodan Milošević utilisa l'accumulation de sentiments d'humiliation, de frustration et de peur chez les Serbes, leur rancœur à ne trouver aucune sympathie dans les autres communautés. Il fit ce que d'autres dirigeants régionaux avaient fait ailleurs dans les années soixante et soixante-dix, mais à partir d'une base plus nombreuse et plus étendue, et dans une atmosphère de détitoïsation déjà très avancée.

Il parvint à se faire porter à la tête de l'appareil du Parti dans sa république. Il consolida sa position en utilisant le sentiment d'outrage éprouvé par les Serbes en constatant qu'ils avaient perdu la partie démographique au Kosovo, leur terre la plus sacrée, en faveur des Albanais. Il parvint ainsi à jeter les bases d'un néo-titisme aux couleurs serbes. Il étendit le contrôle de sa direction régionale et de sa république sur les provinces autonomes du Kosovo et de Voïvodine, et parvint même à mettre en place au Monténégro de nouveaux dirigeants qui lui étaient proches. Ces changements furent populaires, du moins auprès des Serbes qui se voyaient ainsi débarrassés de dirigeants autoritaires et éloignés de l'opinion, au profit de nouvelles personnalités qui avaient au moins des visages neufs et des mains propres.

Parvenu à ses fins au printemps de 1989, contrôlant dès lors effectivement toute la république de Serbie et même le Monténégro, il était bien placé pour tenter sa chance au sein de l'organisation fédérale de la Ligue des communistes. Il était le premier des héritiers à agir en pleine conscience de la mort de Tito. Il lui suffisait d'opérer en conséquence.

Malheureusement pour lui, l'ordre constitutionnel de 1974 survivait à peine. La direction du Parti, encore assez unifiée en 1985 pour cela, avait décidé en principe de tâcher de surmonter les obstacles constitutionnels pour obtenir une extension des pouvoirs fédéraux en matière de politique économique afin de permettre un développement décisif de l'économie de marché. Il fallut du temps pour obtenir le consensus nécessaire des républiques. Le projet se limitait pourtant à mieux assurer la petite entreprise privée, à unifier le système fiscal et, de façon plus générale, à favoriser un marché yougoslave à la fois plus libre et plus intégré.

Lorsqu'il fut finalement soumis au parlement fédéral en 1987, le plan avait été dépassé par les événements. Après six mois d'un barrage de critiques, de grèves, de manifestations, avec une inflation atteignant 200 %, le gouvernement fédéral en place démissionna en 1988, remplacé en mars 1989 par le gouvernement Marković. Pour la première fois, les membres du gouvernement fédéral ne furent pas nommés sur proposition des républiques, mais choisis par le Premier ministre en fonction de leurs compétences, au moins pour un certain nombre d'entre eux. A la fin de cette année-là, l'inflation devait atteindre 2 500 %.

Sous la pression des créanciers internationaux, le gouvernement Marković parvint à reprendre et à amplifier le programme législatif de 1985, et à le faire passer avant la fin de l'année. En principe, il était à la hauteur des réformes les plus avancées faites jusque-là en Europe de l'Est. L'effet psychologique sur l'opinion publique, sur les milieux économiques yougoslaves et à l'étranger fut immédiat. Les résultats aussi. Si bien qu'en mai 1991, un deuxième train de projets fut présenté.

Marković avait pourtant négligé les problèmes politiques. Bien vite, il s'avéra que les directions républicaines mettaient des bâtons dans les roues du programme réformateur, s'opposant à tout ce qui pouvait réduire leur contrôle, soit en privatisant, soit en donnant plus de pouvoir au gouvernement fédéral. Les efforts conjugués de la Serbie, de la Croatie et de la Slovénie eurent bientôt raison des bienfaits de la réforme Marković.

L'agonie de la fédération

La fédération se mourait. Son agonie n'était pas le résultat d'une confrontation classique entre un centre fédéral et des composantes fédérées, mais la conséquence des malformations du système et de sa dégénérescence. A l'extérieur, la Yougoslavie avait perdu son importance géostratégique. Si les puissances s'intéressaient encore à son existence, c'était uniquement pour qu'elle ne donnât pas un mauvais exemple de sécession politique et de désintégration territoriale, surtout lorsqu'elles s'aperçurent que son gouvernement, pourtant raisonnable et sympathique, n'était plus qu'une illusion.

Elles avaient oublié l'armée. Alors que, dans les années quatre-vingt, les autres institutions yougoslaves n'étaient plus que d'impuissantes délégations de républiques, l'armée demeurait intacte, seule survivante réelle du régime titiste, dont elle avait été la garde prétorienne. Représentant le passé, comme l'indiquait son nom d'Armée populaire yougoslave – *Jugoslovenska narodna armija,* conservant la désignation soviétique d'*armija,* adoptée symboliquement à la Libération pour remplacer le serbo-croate *vojska* –, elle n'en était pas moins forte d'un quart de million d'hommes, avec – du moins sur le papier – trois millions d'hommes dans la réserve territoriale.

Tito avait légué à la Yougoslavie cette armée immense ; il lui avait confié le devoir constitutionnel de veiller à l'unité territoriale, politique et idéologique de l'Etat. Issue des partisans, liée au Parti et à Tito, elle était le garant de l'ordre établi. Avec ses deux composantes, les Forces armées proprement dites et la Défense territoriale, intégrée aussi à un vaste complexe industriel qui lui fournissait une grande partie de son matériel ainsi que des exportations lucratives vers le Tiers Monde, toujours à l'affût d'ennemis de l'extérieur et de l'intérieur, elle avait militarisé la société.

Ses officiers formaient une caste privilégiée, menant une vie de plus en plus séparée du reste de la société, surtout depuis que l'armée avait effectivement perdu le contrôle de la Défense territoriale, passée complètement sous l'autorité des républiques. Alors que les cadres étaient en majorité serbes (peut-être jusqu'à 70 % des officiers subalternes), mais surtout originaires de Bosnie, de Croatie et du Monténégro, de ces régions serbes et monténégrines aux traditions martiales, les officiers généraux, dont les plus âgés avaient été de jeunes partisans à la fin de la Seconde Guerre mondiale, comprenaient aussi un grand nombre (jusqu'à 38 % dans les postes de commandement) de Croates des régions dinariques, qui avaient été les pépinières des partisans de Tito.

Cette armée allait bientôt se retrouver sans maître sur un espace vide. Pendant dix ans après sa mort, elle avait continué à considérer Tito symboliquement comme son commandant suprême, jusqu'au moment où la présidence des « nains » allait être complètement paralysée. L'armée allait se retrouver sans Parti, sans République socialiste fédérative de Yougoslavie, en perte de légitimité, voire de légalité, à la recherche d'un rôle par lequel elle conserverait sa raison d'être et ses privilèges, à la recherche d'un pouvoir à suivre et d'un territoire à défendre.

Or, le passage du supranationalisme au mininationalisme tribal se faisait avec d'autant plus d'empressement que les structures de pouvoir se servaient de ces sentiments. Comme ailleurs, le communisme avait créé des sujets démunis d'esprit critique, prompts à embrasser les nationalismes conservés sous la structure monolithique du Parti. A la différence des nationalismes du XIXe siècle, qui se voulaient intégrateurs, ceux-ci se mirent à désintégrer à qui mieux mieux. L'ennemi de classe disparu, l'esprit collectif s'exprimait à travers le nationalisme, ce qui lui permettait de surmonter un sentiment profond d'insécurité. Bientôt, la seule sécurité reconnue serait celle de la tribu armée. Les Yougoslaves passaient d'un collectivisme à un autre.

Le communisme ayant interrompu l'évolution des consciences nationales vers des formes plus raisonnables, civiques et sociales, celles-ci réapparurent non pas tant comme elles avaient été à la veille de la Seconde Guerre mondiale, mais plutôt comme elles avaient été pendant la guerre, avariées par les conflits causés par les occupants et leurs serviteurs. Elles eurent finalement raison du communisme, mais elles héritèrent du titisme sa grammaire sinon son vocabulaire. Elles se dirent démocrates, mais leur démocratie allait se limiter à se faire légitimer par des élections avant de reprendre la réalisation d'un autre projet totalitaire. C'est dans ces conditions que se préparèrent les premières élections pluralistes.

La Slovénie était à l'avant-garde des changements. C'est dans cette république que fut formé, dès janvier 1989, le premier parti politique indépendant depuis la prise de pouvoir par les communistes. Si ce climat devait aider le pouvoir communiste de Slovénie à renforcer sa position régionaliste, il allait aussi le pousser à accepter le principe de concurrence pour les prochaines élections au parlement de cette république.

La pression de l'opinion en faveur d'élections pluralistes fut la plus forte en Slovénie, mais les instances de la Ligue dans les républiques durent toutes en passer par là les unes après les autres. Partout, leur but était de se mettre en position favorable pour gagner les élections qui s'annonçaient. La Serbie avait déjà tenu des élections en 1989, selon l'ancien système, à la suite de l'euphorie nationaliste provoquée par les célébrations du sixième centenaire de la bataille de Kosovo contre les Turcs, et de la réintégration effective des provinces autonomes dans la république de Serbie. Le Parti avait ainsi gagné du temps pour se préparer à des élections dans le nouveau style.

Lorsque le XIVe Congrès de la Ligue des communistes de Yougoslavie parvint à tenir ses assises en janvier 1990, le principe pluraliste avait été concédé même à Moscou. Convoqué pour mettre sur pied un « nouveau modèle démocratique de socialisme », le Congrès débuta mal, par des querelles de procédure, et ne tarda pas à s'effondrer. Un vague projet de déclaration avait été établi tant bien que mal : le Congrès était appelé à se prononcer en faveur de la liberté d'association politique « à l'intérieur des limites du modèle socialiste, démocratique et fédéral ». Des amendements proposés par la délégation de Slovénie rompirent le consensus difficilement établi et furent rejetés, de sorte que cette délégation quitta le Congrès, suivie de celle de Croatie. Il fallut renvoyer le Congrès *sine die*, et ce fut la fin de l'organisation fédérale de la Ligue. L'impuissance de son appareil avait fini par l'enliser dans une politique hésitante, contradictoire et incompréhensible, et qui tâchait désespérément de donner satisfaction à toutes les factions et à toutes les directions régionales.

Un pluralisme de façade

Des élections pluralistes se déroulèrent en 1990 dans toutes les républiques, les premières depuis la Seconde Guerre mondiale. Il s'agissait en fait des élections les plus libres depuis 1927, mais elles n'eurent lieu qu'à l'échelle des républiques, avec des systèmes électoraux divers. Les gouvernements républicains entravaient systématiquement le programme de réformes économiques mis en chantier par le gouvernement fédéral d'Ante Marković depuis le printemps de 1989, sans parler de sa tentative malheureuse de fonder son propre parti politique pour soutenir sa politique réformiste. Il ne fut donc pas permis au gouvernement fédéral d'acquérir une légitimité semblable par des élections à l'Assemblée nationale fédérale, qui survécut tant bien que mal en prolongeant son mandat, mais qui perdait chaque jour un peu plus de sa légitimité, avant de voir partir des délégations entières, qui cessaient de participer à ses travaux.

Les premières élections eurent lieu en Slovénie en avril 1990, et en Croatie en mai. Face à ce qui semblait bien une tentative de Milošević d'accéder au pouvoir fédéral par le XIVe Congrès, les communistes des deux républiques septentrionales l'avaient quitté dans l'espoir de se faire légitimer par un vote populaire. Ils changèrent de nom et de vêtements et, sous le nom de Renouveau démocratique, espérèrent être récompensés de leur « national-libéralisme » par de bons résultats électoraux. Mais les électeurs leur préférèrent des mouvements nationalistes de centre-droit, créés pour l'occasion, et dont les structures, pour lâches qu'elles fussent, n'étaient pas, elles, issues du régime communiste. L'opposition démocratique de Slovénie, sous le sigle attirant de DEMOS, obtint 55 % des voix à la proportionnelle. La Communauté démocratique croate de l'ex-général Tudjman recueillit 41 % des voix, transformées par le système électoral en une majorité des deux tiers des sièges.

Les élections en Bosnie-Herzégovine et en Macédoine eurent lieu à la fin de l'automne. Dans la première de ces républiques, les partis représentant chacune des trois communautés — musulmane, serbe et croate — remportèrent une victoire décisive sur les communistes divisés. Dans la deuxième, un mouvement nationaliste macédonien vint en tête, suivi par les communistes, mais aucune majorité ne se dégagea, d'où une coalition difficile menée par les communistes réformés.

Le cycle fut bouclé en décembre par les élections en

Serbie et au Monténégro. Les communistes de Serbie, sous la férule de Milošević, avaient mieux réussi à se « nationaliser ». Ils avaient tiré la leçon de l'échec subi par leurs anciens collègues dans d'autres républiques, et en particulier dans celles du nord où ils avaient pour ainsi dire partagé le pouvoir avec l'opposition dès avant les élections. Le Parti (rebaptisé socialiste) de Serbie se montra encore moins disposé qu'ailleurs à renoncer à ses avantages électoraux de parti au pouvoir, omniprésent dans l'administration, l'économie et les médias. Il tira profit de la concentration du pouvoir à Belgrade, capitale fédérale, avec son immense appareil bureaucratique, politique et militaire. Exploitant la peur de l'inconnu et des désordres et profitant de l'abstentionnisme des électeurs albanais, il obtint 43 % des voix au premier tour, 48 % au deuxième, avec une majorité parlementaire de quatre cinquièmes des sièges. Milošević lui-même, ayant repris le contrôle du Kosovo et fait passer une nouvelle constitution qui donnait de grands pouvoirs à un président élu au suffrage direct, se fit porter à ce poste par 65 % des voix. La toute petite république du Monténégro donna aux communistes une majorité de 66 %.

Partout, le culte de la solidarité patriotique et nationale, de l'homogénéité et de l'Etat-pouvoir fit que le pluralisme post-électoral ne fut en général que de façade. Les régimes issus des urnes en 1990 sont tous avant tout nationalistes. Dans les républiques de Croatie et de Serbie, ils ont conservé la mentalité du Parti unique. Les nouveaux gouvernements ont fait de leur mieux pour entraver l'opposition, limiter la liberté des médias et conserver le contrôle de l'économie. Glorifiant l'histoire de leur nation, ils ne trouvèrent aucune difficulté à passer de l'unité idéologique à la guerre de propagande entre leurs petites nations «misérables» [1], bien avant de passer à la guerre réelle.

Tito était quasiment oublié, aussi bien par la Yougoslavie post-communiste que par un Occident abasourdi par la disparition de ses points de repère géographiques et idéologiques. Pourtant son héritage demeurait énorme. La plus grande partie de la Yougoslavie conservait encore les habitudes d'esprit de son époque, même lorsque les nouveaux dirigeants s'inspiraient plutôt d'un romantisme nationaliste du XIXe siècle ou d'un *Führerprinzip* des années trente. Leur mégalomanie, également toute titiste, s'accompagnait, comme devant, de fantasmes d'ennemis omniprésents et de conspirations mondiales.

Le premier régime communiste à s'établir en dehors de l'Union soviétique après la Seconde Guerre mondiale fut aussi le dernier à disparaître. Justifiant sa prise de pouvoir par son identification avec la classe ouvrière (embryonnaire à l'époque), il avait fini par se cacher derrière la primauté du national. Loin de résoudre la question nationale, il avait donné au nationalisme l'occasion de revenir à l'avant-scène. Le nationalisme, qui aurait pu être la première étape du réveil d'une conscience politique dans une société longtemps insensibilisée par le communisme, devenait ainsi surtout un moyen d'échapper aux responsabilités et aux réalités du moment.

Le communisme avait interrompu des traditions politiques encore bien jeunes, tout en congelant des attitudes ataviques. Ce n'était pas à l'école bureaucratique,

---

[1] Dans le sens utilisé par le penseur politique hongrois István Bibó dans son étude sur la «misère des petits pays de l'Europe orientale» (1945). Il existe une sélection française de ses études (Paris: l'Harmattan, 1985).

anticulturelle et anti-intellectuelle du communisme que les citoyens auraient pu apprendre à se distancer de leurs réactions instinctives. L'héritage de Tito, c'était le maintien à tout prix de privilèges par la manipulation des émotions, la militarisation de la société, le contrôle politique de toutes les organisations sociales et la satanisation des ennemis, réels ou inventés. Cet héritage survécut, mais ce fut sa personne qui fut transformée en bouc émissaire. Son fantôme semblait hanter et détruire le pays sur lequel il avait si longtemps régné.

La marche à la guerre

Les gouvernements des trois républiques les plus affirmées – Slovénie, Croatie et Serbie – étaient en perte de popularité depuis les élections. Comment regagner du terrain sinon par une surenchère nationaliste ? Héritiers d'une économie en déclin, ils étaient incapables d'offrir à leur électorat un espoir de progrès économique. La Slovénie, plus ouverte et plus authentiquement pluraliste, décida d'organiser un référendum sur le principe de l'indépendance, à réaliser dans un délai et selon des modalités à déterminer, soit à l'intérieur, soit à l'extérieur d'une communauté yougoslave plus flexible. Le scrutin eut lieu en même temps que les élections parlementaires en Serbie (décembre 1990) et, après une campagne accompagnée de pressions et de rumeurs alarmantes, les « oui » l'emportèrent à 86 %.

Le nouveau gouvernement de Croatie alliait un anticommunisme virulent à une puissance de propagande toute titiste, mais aussi à une rhétorique nationaliste qui évoquait fâcheusement, surtout pour les Serbes de cette république, le nationalisme fasciste des oustachas. Le gouvernement de Tudjman dota la république d'une nouvelle constitution, non moins présidentielle que celle de Serbie. Elle définissait la Croatie comme l'Etat-nation des Croates, ce qui semblait bien en écarter les Serbes, victimes par ailleurs de mesures discriminatoires réelles en tant que Serbes et, le cas échéant, en tant que communistes. C'était les livrer « sur un plateau » aux dirigeants de Belgrade.

Ces trois gouvernements, et les trois autres aussi, allaient certes négocier, mais dans un climat assombri par l'atmosphère empoisonnée qu'ils avaient eux-mêmes créée, et qu'ils ne pourraient bientôt plus contrôler. Au début de 1991, le président Marković avait soumis aux dirigeants des républiques un plan visant à obtenir un minimum d'autorité fédérale pouvant « dépanner » la Yougoslavie pendant la période de transition où l'on tâcherait de s'entendre sur un nouvel ordre. En entérinant ce plan, la présidence fédérale, en fait, confiait aux dirigeants régionaux le mandat d'établir un nouveau compromis. Ceux-ci l'acceptèrent avec satisfaction, pressés qu'ils étaient d'évincer les instances fédérales, et se livrèrent à des tournées dans les différentes républiques. Ces « sommets » produisirent divers projets de fédération réformée et d'union confédérale, à soumettre a des référendums distincts, mais simultanés, dans toutes les républiques. Très médiatisées, ces rencontres furent doublées d'une autre série, plus discrète, de rencontres bilatérales. Mais à peine les dirigeants avaient-ils donné l'impression de s'être mis d'accord sur quelque chose, qu'ils ne l'étaient plus, et cela jusqu'en mai.

La Slovénie soutint qu'ayant déjà voté, elle n'allait pas le faire une seconde fois. La Croatie annonça qu'elle allait voter avant les autres, mais les districts de Croatie à population serbe compacte, qui s'organisaient en région autonome serbe de la Krajina depuis un an, la devancèrent avec leur propre référendum, se prononçant à une écrasante majorité pour demeurer en Yougoslavie ou s'unir à la Serbie, et les autorités de Zagreb perdirent le contrôle de ces terres en rébellion. Le reste de la Croatie dit alors « oui » à 94 % à une indépendance « à la slovène ».

C'est alors que le représentant de la Croatie aurait dû prendre son tour à la tête de la présidence collective, mais il ne fut confirmé dans sa charge par l'Assemblée fédérale qu'après de fortes pressions de l'étranger. Les trois parties semblaient décidées à démolir ce qui restait de l'ordre constitutionnel dans la mesure où elles ne pouvaient pas l'utiliser pour faire avancer leurs propres plans. Fortes des résultats de leur référendum, la Slovénie et la Croatie proclamèrent, le 25 juin 1991, leur indépendance, que les instances fédérales déclarèrent inconstitutionnelle. L'armée intervint en Slovénie à la fin du mois pour prendre une possession symbolique des postes-frontière yougoslaves. L'intervention se solda par un échec et 49 morts — avant-goût de ce qui allait suivre.

Les gouvernements des trois républiques faisaient assaut de nationalisme blessé, insistant sur l'inviolabilité, l'intégrité et l'unité politique de leur propre territoire, tout en soutenant ou en encourageant des tendances autonomes chez les autres. Le gouvernement fédéral n'existait plus que par le soutien des organisations internationales à son président, le parlement fédéral, non renouvelé, étant de plus en plus marginalisé.

En vérité, la seule institution fédérale qui demeurait encore plus ou moins intacte était l'armée, chargée de sauvegarder l'intégrité territoriale et l'ordre constitutionnel, mais outre qu'elle avait perdu le contrôle de sa composante territoriale, elle se retrouvait sans maître : il n'y avait plus de présidence fédérale effective pour la commander en instance suprême, plus de Parti dont elle avait toujours été l'épée et le bouclier. Elle n'en fut pas moins, avec le pouvoir croate de Tudjman et le pouvoir serbe de Milošević, un des trois facteurs de la crise yougoslave, devenue la triste guerre qui se déroula en Croatie après l'acceptation implicite de la sécession slovène, puis en Bosnie-Herzégovine.

Entre le régime néo-communiste de Serbie, subissant la pression des généraux de Tito, et les dirigeants de droite de Croatie poussés par leur extrême droite, tout compromis était devenu impossible. La situation ne pouvait qu'aboutir à la guerre, d'autant plus que la Yougoslavie était pleine d'armes. Des formations paramilitaires légalisées et des milices de parti attirèrent les fanatiques, les chômeurs, les déshérités, les déséquilibrés, les marginaux, les pillards, les criminels, sans parler des mercenaires étrangers prêts à faire la guerre « pour une poignée de deutschemarks ».

Le rejet de la raison

Créée dans une région de transition, la Yougoslavie s'est inspirée de deux modèles de la nation, le français et l'allemand, dont l'alliage n'a pas été des plus heureux. Elle a été recréée ensuite en s'inspirant d'un modèle non moins étranger – l'interprétation stalinienne de l'internationalisme marxiste – avant de se maintenir contre le stalinisme au moyen des mythes de Tito, qui finirent par céder devant les démons de la nation.

Tito n'est plus, et le monde l'a déjà oublié. Désorienté par l'écroulement du communisme et l'éclatement de l'empire soviétique, qui donnaient une certaine stabilité à l'Europe de l'Est en même temps qu'une unité réactive à l'Europe de l'Ouest, le monde ne comprend pas trop ce qui se passe dans cette Yougoslavie déchirée. L'Occident retrouve des souvenirs d'histoire scolaire, idéalisant ici, honnissant là.

Dans ce qui fut l'Etat yougoslave, et qui demeure malgré tout l'espace yougoslave où diverses nationalités sud-slaves et d'autres non slaves devront continuer à vivre, les opinions publiques (s'il en est) sont prises aux pièges de propagandes antagoniques. Elles sont incapables de voir en quoi elles se ressemblent. Les arguments solides qui pouvaient, et peuvent encore, justifier une communauté yougoslave ne sont plus pris en considération. Bien peu sont ceux qui se rendent compte que tous vivraient sans doute mieux dans un seul pays que dans une collection de petits Etats pseudo-nationaux, retardataires et vivant à couteaux tirés.

Si la Yougoslavie de 1918 fut un anachronisme, en ce qu'elle s'efforçait de réaliser les conceptions unificatrices du XIXe siècle dans l'Europe de Versailles et de l'autodétermination des peuples ; si son maintien, suivi de sa restauration, par des moyens autoritaires, est à l'origine de la tendance à vouloir créer divers Etats nationaux sur son espace, son éclatement à la veille du XXIe siècle n'est-il pas aussi un dangereux anachronisme ?

Les Croates, chez qui fut inventée l'idée yougoslave, l'ont répudiée. Les Slovènes, dont l'existence nationale même semblait dépendre d'un Etat yougoslave, l'ont désertée. Les Serbes, qui en tirèrent peut-être les plus gros avantages, l'ont achevée. L'Armée populaire yougoslave, instituée et privilégiée par Tito pour préserver l'Etat commun et son ordre politique et social, a sacrifié aussi bien l'union que le communisme sur l'autel de sa propre préservation. Après quoi la Yougoslavie s'est aliéné les Musulmans et les Macédoniens, qui ont pourtant besoin d'une communauté yougoslave pour ne pas être assujettis à leurs voisins.

Une «grande» Croatie et une «grande» Serbie connaîtraient tous les problèmes de la «grande» Yougoslavie, empirés par une idéologie nationaliste favorisant la terre, le sang et la communauté aux dépens du citoyen, et empêchant par là même toute véritable démocratie. Le nationalisme, devenu l'idéologie dominante, est d'autant plus autoritaire qu'il s'est greffé sur les structures du parti unique tout en se dégradant en tribalisme. Des électorats novices, effrayés et manipulés, ont confié des majorités à ceux qui voulaient unir les tribus ou faire des Etats-nations dans des conditions où ces buts ne pouvaient être atteints que par le fer, le feu et le sang. Ils paient tragiquement le prix de leur rejet des solutions rationnelles et des compromis.

La Yougoslavie n'est qu'un cas particulier et particulièrement complexe des développements de l'Europe centre-orientale. Elle concentre et déforme dans son espace tous les problèmes et tous les maux de cette Europe de l'après-communisme.

L'explosion *

par Joseph Krulic

La Yougoslavie présente aujourd'hui tous les symptômes d'une « libanisation » : pouvoir disséminé, combats intermittents dans une guerre cruelle comme toute guerre civile. La proclamation, le 27 avril 1992, d'une Yougoslavie réduite à deux républiques (Serbie et Monténégro) n'a fait que mettre en survie artificielle un Etat juridiquement moribond, économiquement désarticulé et politiquement mort.

Est-il possible de saisir le mouvement qui a si rapidement conduit à ce chaos ? Peut-on dresser un état des lieux et tenter d'entrevoir l'avenir ?

---

* Ce texte reprend certaines analyses publiées par Joseph Krulic dans *Hérodote* et dans *le Courrier des pays de l'Est* à la fin de 1991.

L'engrenage

Au nord, la Slovénie, officiellement libre de troupes autres que slovènes, dont l'évacuation s'est achevée au mois d'octobre 1991, a joué un rôle capital dans l'engrenage initial : après le référendum sur la souveraineté du 23 décembre 1990, après l'abrogation des lois fédérales le 20 février 1991, sa sécession n'avait rien pour surprendre ; mais la réaction du gouvernement fédéral Marković, qui envoya l'armée occuper les postes frontières entre la Slovénie et l'Autriche ou l'Italie, et le fait que la Croatie suivit la Slovénie dans la voie de la séparation enclenchèrent un processus d'explosion dont la probabilité devenait, en tout état de cause, de plus en plus grande. L'échec de l'opération militaire fédérale en Slovénie (25 juin - 7 juillet 1991) avait de quoi surprendre : on pouvait imaginer que les Slovènes se battraient avec moins de résolution, que l'armée fédérale maîtriserait mieux la situation, que la présidence fédérale ne se résignerait pas à abandonner la Slovénie, qui représentait le quart de la richesse économique de la Yougoslavie. Mais la cohésion des milices slovènes et la maîtrise inégalée du marketing politique international dont les autorités slovènes firent preuve (dès le 15 janvier 1992, le nouvel Etat sera reconnu par l'Allemagne, suivi par toute la CE) furent décisifs, et la Slovénie poursuivit discrètement sa voie vers l'indépendance, notamment en émettant une nouvelle monnaie, le tolar, et en faisant adopter, le 22 décembre 1991, une nouvelle constitution.

On a beaucoup insisté sur une autre cause de ce succès : l'homogénéité ethnique (plus de 90 % de Slovènes en Slovénie), plus grande que dans toute autre république. Mais, si cette république avait compté autant de Serbes qu'elle compte d'Italiens et de Hongrois — les deux seules minorités qu'elle reconnaît — , les choses n'auraient pas été aussi faciles. L'absence d'un nombre significatif de Serbes (2,4 %) et l'impossibilité de justifier par la nécessité de «protéger» des Serbes une inclusion dans la «grande Serbie» ont certainement joué un plus grand rôle que la seule homogénéité dans cette «exceptionnalité» slovène.

La Slovénie indépendante reste discrète sur la scène yougoslave. Les sympathies de l'opinion slovène et les intérêts géopolitiques sont, bien évidemment, proches de la Croatie. Mais, si le président Kučan a reconnu, le 3 octobre 1991, que la Slovénie aidait la Croatie, notamment par l'envoi d'armes, c'était, a-t-il dit, seulement «dans la mesure de ses moyens».

La Croatie fit plus tardivement le choix de l'indépendance: c'est le 19 mai 1991 que le référendum sur la souveraineté était organisé, après les sanglants événements de Borovo Selo, village de Slavonie où plus d'une dizaine de gardes territoriaux croates avaient été tués par des miliciens serbes, et après le refus des Serbes de laisser élire, à la date constitutionnelle du 15 mai 1991, le Croate Stipe Mesić à la présidence collégiale de l'Etat fédéral. Il est vrai que l'arrivée au pouvoir du parti de Franjo Tudjman, la HDZ (*Hrvatska demokratska zajednica*: communauté démocratique croate) en mai 1990, après les premières élections libres qu'avait connues la Croatie depuis 1938, comportait par elle-même un risque de sécession: ce parti avait en effet fait campagne sur la nécessité de mettre fin au rôle, jugé excessif, des Serbes en Croatie, notamment dans la police. Mais, en l'absence de l'exemple slovène et des provocations serbes, le nationalisme croate de Tudjman aurait peut-être trouvé une formule transitoire débouchant sur une séparation pacifique et progressive, où les liens économiques et humains auraient pu se maintenir malgré le relâchement des liens politiques.

Au contraire, la décision de sécession déboucha dès la fin de juillet 1991 sur des combats violents, qui se poursuivirent jusqu'en décembre 1991 de manière continue et aboutirent à l'occupation d'un tiers du territoire croate par l'armée serbo-fédérale, coupant cette république aux frontières déjà aberrantes en trois ensembles presque isolés : le nord, constitué par l'Istrie, l'extrême nord de la Dalmatie, le Gorski Kotar (région montagneuse) et la région autour de Zagreb ; la Dalmatie de Zadar à Dubrovnik, menacée par les armées serbes de la Krajina et du Monténégro ; la Slavonie, partiellement occupée par les troupes « fédérales » au service de la Serbie.

Le siège de Vukovar et la chute de cette ville (18 novembre 1991) symbolisèrent la défaite croate. La plupart des combats s'étaient déroulés dans les régions de Krajina, de Banija et de Slavonie correspondant aux « confins militaires » (*Militargrenze* ou *vojna krajina*) qui, de 1522 à 1878, avaient constitué la limite des empires ottoman et austro-hongrois, laquelle coïncidait en partie avec les frontières du partage de Théodose en 395 : régions croates, elles s'étaient peuplées peu à peu de Serbes fuyant les Turcs. La ligne de cessez-le-feu fixée en janvier 1992 est certes provisoire, mais l'exemple d'Israël et des pays arabes ainsi que la situation à Chypre montrent que des lignes de démarcation issues d'une certaine situation militaire sont souvent durables, faute de reconnaissance mutuelle des acteurs, en dépit des résolutions et, en l'occurrence, de la présence armée des Nations unies. Les Serbes n'accepteront probablement pas une souveraineté croate sur ces régions, et le gouvernement croate ne peut durablement admettre l'occupation serbe, sauf à perdre sa légitimité par rapport à la population croate. D'autant que les Serbes occupent plus d'une trentaine de communes, dont les deux tiers avaient, avant juin 1991, une majorité croate, les combats qui suivirent ayant fait fuir plus de 500 000 réfugiés, majoritairement croates.

L'engrenage des événements en Bosnie-Herzégovine suivit une logique semblable à celle de la Croatie. Les Serbes n'acceptèrent pas la première proclamation de souveraineté (15 octobre 1991) par une majorité parlementaire musulmane-croate. Les députés serbes quittèrent l'Assemblée et les Serbes de Bosnie-Herzégovine fondèrent trois « républiques autonomes serbes » dont la plus importante était située au nord, près de Banja Luka. Ils boycottèrent le référendum sur la souveraineté organisé le 1er mars 1992 et, dès la publication de ses résultats, les milices serbes sont intervenues, appuyées par l'armée fédérale. Dès la fin du mois d'avril, la guerre était « totale ».

Rien n'était plus prévisible que ce déroulement. On savait déjà que les Serbes refuseraient d'être une minorité dans un Etat qui, pour eux, revêt un caractère symbolique depuis au moins 1914. Mais les Musulmans refusent de rester dans une Yougoslavie réduite, depuis le départ des Croates, à un bloc serbe. La reconnaissance internationale dont bénéficie la Bosnie-Herzégovine depuis le 6 avril 1992 durcit la situation : la Bosnie-Herzégovine, membre de l'ONU, peut désormais revendiquer le bénéfice de l'article 51 de la Charte et provoquer une intervention internationale en sa faveur. Le blocus contre la Serbie et le Monténégro décidé le 28 mai 1992 en fut une première illustration.

Quel type de guerre ?

Dans ce contexte, les combats prennent une forme discontinue et cruelle, scandés par des cessez-le-feu aussitôt violés que signés, à la relative exception de celui du 4 janvier 1992. Les combats de Bosnie obéissent à cette même logique.

Ces cessez-le-feu réitérés sont caractéristiques d'une situation de libanisation : ils traduisent à la fois le contrôle incertain des acteurs politiques sur leurs milices et troupes diverses et l'absence de règles du jeu communes dans une guerre dont l'objet même est la négation de l'autre : les Serbes parlent de « fascistes » en désignant les Croates et de « fondamentalistes » pour nommer les Musulmans de Bosnie, comme les « islamo-progressistes » parlaient des chrétiens libanais en 1975-77. La répétition des cessez-le-feu traduit en même temps la nécessité d'apparaître, aux yeux de la société internationale comme de certains secteurs de l'opinion locale, comme un acteur de bonne volonté.

Après le 7 juillet 1991, certains crurent à la survie de la Yougoslavie : la CEE avait réussi à imposer l'élection de Stipe Mesić à la présidence fédérale, tandis qu'un moratoire de trois mois était déclaré sur la marche à l'indépendance des deux républiques du Nord. Mais, le 3 octobre, c'est-à-dire avant même l'expiration du moratoire, se fondant notamment sur un décret non publié (!), quatre membres de la présidence sur huit (Serbie, Monténégro, Voïvodine, Kosovo, ou « bloc serbe ») exclurent la Slovénie et proclamèrent l'état de guerre.

Cette guerre, dépourvue de cadre juridique clair, frappe durement les populations civiles. Le front est partout, l'arrière nulle part, en tout cas en Croatie et en Bosnie-Herzégovine. La maîtrise de la population constitue un objectif crucial pour les belligérants. Comme la guerre du Liban, il s'agit plus d'une guerre de positions que d'une guerre de mouvement : guérillas urbaines symbolisées par la résistance de Vukovar, le « Stalingrad croate », tombée après plus de quatre-vingt-dix jours de siège, blocus des côtes, bombardements, prises de villes-clés (Kostajnica, Petrinja), front statique pendant plusieurs mois comme à Karlovac (juin-décembre 1991) et à Sarajevo (mars-avril 1992). Il s'agit d'une guerre entre peuples désireux d'occuper durablement un territoire et non d'un conflit militaire limité entre deux Etats se reconnaissant mutuellement. Les centaines de milliers de réfugiés, majoritairement croates et musulmans, en sont le témoignage. Des trois solutions possibles définies par Ernest Gellner, dans son livre classique *Nations et nationalisme*, pour homogénéiser un territoire (l'assimilation, le massacre, le déplacement des populations), c'est ce dernier qui domine dans la crise yougoslave. Toutefois, le massacre n'est pas absent : dans ce cas, les exécuteurs sont généralement des milices comme celle du commandant serbe Arkan, « seigneur de la guerre » typique des guerres de décomposition d'un Etat.

L'Etat fédéral est désormais officiellement réduit à la Serbie [1] et au Monténégro. Le coup de force du « bloc serbe », le 3 octobre 1991, a vu sa légalité contestée par toutes les autres républiques : fondé sur l'article 316 de la constitution du 21 février 1974 définissant le

[1] Avec ses deux provinces « autonomes », la Voïvodine et le Kosovo, dont l'autonomie politique n'est plus que symbolique depuis la réforme de la constitution serbe du 28 mars 1989 : la composition de leur gouvernement, la nomination de leurs délégués à la présidence fédérale sont désormais sous la tutelle des autorités serbes.

« danger de guerre imminent » et sur un simple décret, de surcroît jamais publié, de décembre 1984, il est contraire à toutes les normes de l'Etat de droit. La possibilité de recourir à l'état d'urgence en cas de « circonstances exceptionnelles » existe dans les Etats les plus démocratiques, mais les conditions de son entrée en vigueur, notamment les conditions de compétence de l'auteur juridique de la décision, sont alors nettement définies.

Serbie ou Yougoslavie ?

La volonté de donner contre toute vraisemblance un habillage fédéral à ce coup de force soulève la question suivante : pourquoi les dirigeants serbes ont-ils voulu rester « yougoslaves » et n'ont-ils pas simplement cherché à organiser un Etat de Serbie, comme le préconisait l'opposant Vuk Drasković ? A cela existent plusieurs éléments de réponse.

Tout d'abord, l'armée : elle représente un bloc politique et social particulier, qu'on pourrait caractériser comme « intégriste titiste ». Le portrait de Tito figure toujours en bonne place dans les casernes tout du long de l'année 1991, et beaucoup d'officiers adhèrent à la Ligue communiste de Yougoslavie, remaniée en 1990 après l'éclatement et la disparition du parti unique. Le ministre de la Défense jusqu'au 4 janvier 1992, Veljko Kadijević, en est le prototype : né en 1925, entré dans l'armée en 1945, devenu ministre le 19 mai 1988, officiellement classé comme « croate », du fait de la nationalité de sa mère, il est en réalité « yougoslave titiste », identité spécifique d'une génération d'hommes en Yougoslavie, de même que Jacques Delors et Raymond Barre, également nés en 1925, sont à jamais des démocrates-chrétiens qui avaient vingt ans à la Libération. On peut également citer l'amiral Stane Brovet, vice-ministre de la Défense en 1991, l'un des quatre-vingt-onze Slovènes demeurés dans l'armée fédérale, et le général Rašeta, commandant la 5e région militaire à Zagreb jusqu'au mois de novembre 1991. Ces hommes ne veulent pas devenir les soldats perdus d'une cause perdue, l'idée yougoslave. Leur trajectoire a quelque chose de poignant, comme toute aventure d'un type humain voué à la disparition : ils sont les buttes témoins d'une époque qui connut aussi sa grandeur, la Yougoslavie fédérale et titiste. Il n'en demeure pas moins que la majorité des officiers sont des Serbes dont le fédéralisme est une valeur affirmée plus qu'une identité réelle : le général Adzić, chef d'état-major, nommé ministre de la Défense en janvier 1992, cheville ouvrière de l'armée, en est une bonne illustration.

Toutefois, les événements qui ont suivi la proclamation de la nouvelle Yougoslavie, le 27 avril 1992, jettent une lumière singulière sur les relations entre Milošević et l'armée : des dizaines de chefs militaires ont été limogés, dont Adzić, Brovet et Kukanjac, commandant en Bosnie. On peut penser que Milošević a épuré le haut commandement de tous les représentants des « générations titistes », dont la culture politique divergeait quelque peu de la sienne. L'armée avait certes prouvé qu'elle se rangeait pour l'essentiel dans le camp des autorités serbes, mais elle restait une institution relativement fermée sur elle-même, et, pour nommer des hommes à lui, Milošević n'eut pas de mal, dans une situation difficile, à accuser d'« incompétence » les généraux de 55 à 65 ans, derniers vestiges du titisme.

Mais c'est aussi sur le plan politique que les Serbes

hésitent à franchir le pas. Les débats parlementaires de septembre 1991 et d'avril 1992 ont montré que le parlement serbe préférait se réclamer d'une Yougoslavie fédérale réduite. Une première raison paraît évidente, surtout avant la proclamation de souveraineté de la Bosnie-Herzégovine : les territoires d'une éventuelle Yougoslavie maintenue dans les trois républiques de Serbie, du Monténégro et de Bosnie-Herzégovine comprennent d'importantes populations non serbes (Musulmans de Bosnie, Croates d'Herzégovine et de Voïvodine, Albanais du Kosovo, Hongrois de Voïvodine — un ministre hongrois a d'ailleurs rappelé, dans une interview accordée au journal croate *Vjesnik*, que la Hongrie avait cédé en 1920 la Voïvodine à la Yougoslavie et non à la Serbie). Si la Serbie proclame sa « souveraineté » comme l'a fait la Russie, les arguments politiques à opposer aux non-Serbes deviendront injustifiables devant l'opinion internationale : seule la force pourra alors maintenir Musulmans, Croates, Hongrois et Albanais dans cet ensemble. Il est très difficile de regrouper tous les Serbes dans un même territoire : la diaspora serbe fuyant l'empire ottoman a éparpillé ce peuple sur une zone discontinue dont la seule cohérence est d'être « yougoslave ». En outre, les Serbes se perçoivent comme le peuple fédérateur de l'ensemble, ce pour quoi ils s'estiment injustement mal aimés. La volonté de rester « yougoslaves » est donc à la fois un refus de devenir une minorité où que ce soit dans l'ex-Yougoslavie, et la réaffirmation d'une vocation plus universaliste à laquelle ils sont très attachés.

Enfin, la volonté d'être « yougoslave » représentait pour les Serbes l'espoir d'être le seul Etat successeur, en droit international, de la défunte fédération, ce qui permettait notamment d'éviter que la commission d'arbitrage de la CEE présidée par Robert Badinter examine les critères de la reconnaissance d'une Serbie indépendante sous l'angle des normes juridiques européennes. Mais cet espoir ne s'est pas réalisé.

La mort de la fédération

Politiquement, la deuxième Yougoslavie est bien morte le 3 octobre 1991. La transformation de la présidence collégiale en présidence-croupion a rompu la continuité prévue par la constitution de 1974 : à partir de la mort de Tito (4 mai 1980), chaque année au 15 mai, le président de la présidence collégiale fut tour à tour le représentant de l'une des huit républiques ou provinces autonomes. C'était le symbole même et un instrument de la continuité de l'Etat. L'autre instrument était le gouvernement fédéral. Mais le premier ministre Ante Marković, nommé en janvier 1989 suivant l'ancien système de cooptation communiste, approuvé par les grandes organisations internationales (FMI, OCDE), officiellement désavoué par le Parlement dès le 15 novembre, démissionna le 19 décembre 1991.

En réalité, depuis le mois d'août 1991, son sort était scellé : confiné dans son bureau de Belgrade, méprisé par les autorités serbes, puis bombardé, le 8 octobre 1991, dans le palais de la présidence croate par l'aviation de son propre ministre de la Défense, ce Croate qui voulait sauver la Yougoslavie est considéré par beaucoup comme un traître ou un naïf. Représentant typique de l'éthique de responsabilité dans une Yougoslavie qui, pour son malheur récurrent, ne veut connaître que l'éthique de conviction, il sera victime de la loi de Tocqueville *(L'ancien régime et la révolution)* qui veut qu'un Etat ou un régime soient particulièrement menacés lorsqu'ils tentent de se réformer.

La réforme économique lancée par Ante Marković en décembre 1989 était radicale, mais viciée par une contradiction politique : au moment où elle se mettait en place, le statut de parti unique de la Ligue communiste de Yougoslavie était abrogé (22 janvier 1990), alors que Marković, on l'a dit, avait été nommé par le système politique communiste. Il y avait une antinomie sociologique entre la légitimité qui avait porté Marković au pouvoir (l'idéocratie communiste, représentée concrètement par l'appareil fédéral du parti) et le but qu'il poursuivait : instaurer l'économie de marché. D'un autre côté, l'instauration de l'économie de marché *à l'échelle fédérale* était contradictoire avec la démocratisation rapide d'un Etat multinational : cette démocratisation passe en effet nécessairement par la réaffirmation de la souveraineté de chaque peuple. Face à cette démocratisation-désintégration plus rapide qu'il ne l'avait prévu et largement déterminée de l'extérieur par l'effondrement généralisé du monde communiste, Marković a endossé le rôle du ministre réformateur de la onzième heure, celui de Turgot ou de Necker : comme Necker, qui ne pouvait s'appuyer ni sur la légitimité passée de droit divin, ni sur la légitimité populaire, Marković ne pouvait s'appuyer ni sur l'Etat communiste, en voie de décomposition, ni sur l'élection par un peuple souverain. Sa tentative de créer son propre parti, en juillet 1990, n'eut d'écho dans aucune nation : seuls votèrent pour lui les Yougoslaves les plus incertains de leur identité nationale. Il en résulta une « gorbatchévisation » de Marković face à tous les petits « Eltsine » élus au suffrage universel dans les républiques : entre avril et décembre 1990, tous les leaders des nationalités acquirent leur légitimité démocratique, tandis que Marković ne réussissait pas à enraciner son parti, sauf un peu en Macédoine et en Bosnie-Herzégovine (environ 10 % des voix). Marković est tombé, comme d'autres réformateurs nommés par des pouvoirs monarchiques (Turgot, Necker, Witte, Stolypine) ou idéocratiques (Gorbatchev) dans la faille produite par la discontinuité de la légitimité politique : trop marqué par la légitimité passée pour s'intégrer dans la nouvelle, trop lucide sur le désenchantement de l'ancien monde pour ne pas vouloir le réformer. Mais cette volonté de réforme elle-même contribue à l'effondrement de ce monde : faute de soutien, et parce qu'elle suscite la multiplication des illusions lyriques les plus contradictoires propres aux « Etats naissants ».

On peut se demander si, juridiquement, la Yougoslavie existe toujours. La commission Badinter l'a définie comme une « fédération en voie de dissolution ». Il faut ici distinguer le problème de droit public interne et celui de droit public international : la reconnaissance de la Croatie, de la Slovénie et de la Bosnie-Herzégovine les a fait accéder au statut de sujets de droit international. Mais, du point de vue du droit public interne, la Yougoslavie, réduite à la mouvance serbe, existe encore : contrairement à la Russie, la Serbie et le Monténégro n'ont pas proclamé leur souveraineté, puisque le référendum de ce dernier, le 1er mars 1992, a confirmé son appartenance à la Yougoslavie. La constitution du 27 avril 1992 confirme cette union de la « petite Yougoslavie ».

La Yougoslavie en guerre de 1991-1992 est une zone économiquement désarticulée. Le programme d'Ante Marković avait réussi à ramener l'inflation yougoslave de 2 674 % à un chiffre compris entre 70 et 150 % pour l'année 1990. Ce résultat est anéanti ; les recettes touristiques (3 à 5 millions de dollars, essentiellement issus de la Dalmatie qui représente 90 % du littoral yougoslave) sont réduites à peu de chose ; les envois de fonds des travailleurs émigrés, qui sont majoritairement croates, ne peuvent que se ralentir ; les industries, privées de leurs débouchés yougoslaves et touchées par la mobilisation, tournent peu et mal ; le niveau de vie chute pour se rapprocher, dans certaines régions, de celui des années 1950 ; le chômage progresse : en Croatie, il est passé de 7 à 15 % entre mai 1990 et mai 1991, rejoignant la moyenne yougoslave, et, en Slovénie, il a plus que doublé entre la fin de 1990 et la fin de 1991.

Les acteurs actuels de la scène yougoslave sont bien le produit de l'époque titiste : le principe de réalité n'a pas eu le temps d'être intégré par la plupart des peuples yougoslaves, alors même que la consommation de masse des années 1970, payée par l'endettement extérieur (plus de 20 milliards de dollars au début des années 1980), a introduit en Yougoslavie les « contradictions culturelles du capitalisme » au sens du sociologue américain Daniel Bell. Les Yougoslaves (si l'on excepte les travailleurs émigrés) ont appris à consommer avant d'avoir appris à travailler et à investir. Cette élision du stade webérien de la modernité, dont on retrouve également les effets dans la politique (où la rationalisation des passions nationales de l'âge démocratique n'a pu se faire), produit des effets dévastateurs. La rationalisation est déjà difficile dans les pays de civilisation homogène ; elle devient presque impossible dans un ensemble politique marqué par plusieurs civilisations.

Le paysage politique dans les républiques

De la Slovénie à la Macédoine, chaque république manifeste son originalité dans un système de partis singulier.

Le système des partis *slovènes* paraît un des plus complexes, mais également un des plus familiers pour un Européen de l'Ouest. Les élections législatives et présidentielles d'avril-mai 1990 ont fait apparaître une large différenciation du spectre politique : 12 candidats au premier tour des élections présidentielles au suffrage universel direct et 10 partis ayant obtenu des résultats supérieurs à 2 % aux élections législatives.

Certains des candidats à la présidence se présentaient à titre individuel. Ivan Kramberger, homme d'affaires enrichi, mais sans le passé contestable du Polonais Timinski, recueillit 18,8 % des voix au premier tour. Au deuxième tour, c'est l'ancien communiste Milan Kučan qui l'emporta (58 %) sur le démocrate-chrétien Joze Pučnik, revenu d'Allemagne où il enseignait les sciences politiques. Mais les élections législatives donnèrent la victoire parlementaire et le gouvernement à une coalition de partis centristes et libéraux : ces derniers dominent (15,44 %), suivis des chrétiens-démocrates (13,30 %) et de l'Union paysanne (12,16 %), mais le résultat du parti vert (8,99 %) témoigne de la proximité, en termes de culture politique, avec l'Europe occidentale et centrale.

Le Parti des réformes démocratiques, nouveau nom de la Ligue des communistes slovènes, est le principal parti d'opposition, situation paradoxale dans la mesure où il soutient le président Kučan. L'indépendance et la guerre de juin-juillet 1991 ont renforcé l'autorité de Kučan, resté très populaire dans les sondages. Sans être tout à fait en situation de « cohabitation conflictuelle », la Slovénie a connu, de la fin janvier 1992 à la fin avril 1992, sa première crise ministérielle.

La situation politique *croate* est à la fois plus tragique et plus simple. Dès la fin de juillet 1991, un gouvernement d'union nationale regroupait les trois principales forces politiques croates, la HDZ (Communauté démocratique croate), le SDP (Parti des changements démocratiques) et le KNS (Coalition de l'accord national).

La HDZ avait obtenu plus de 42 % des voix au premier tour des élections législatives d'avril 1990. Les reports de voix avaient permis une écrasante victoire en sièges au second tour, dans le cadre d'un scrutin majoritaire uninominal à deux tours : c'est cette assemblée qui a élu Franjo Tudjman.

Face à ce parti dominant, les deux autres sont de force comparable. Le SDP est l'ancienne Ligue des communistes croates, dirigée depuis le 11 décembre 1989 par un rénovateur, Ivica Račan (moins de 15 % des voix). Sa défaite s'explique notamment par le fait que, de 1971 à 1989, ce parti a eu une direction très « titiste » et peu représentative de l'opinion croate, par suite des purges qui avaient suivi le « printemps de Zagreb », notamment la mise à l'écart de Marko Tripalo et Savka Dabčević-Kucar.

Ces deux dirigeants évincés en 1971 animent en 1991 la troisième force politique, la KNS, coalition de centre gauche. Tiers parti au programme modéré et le plus libéral de la Croatie, il souffre électoralement de cette modération dans un contexte de renaissance nationale.

En dehors de la coalition, il faut signaler deux formations qui ont repris le nom de deux partis historiques. D'une part, le Parti paysan croate, largement dominant jusqu'en 1941, au poids électoral minime aujourd'hui. D'autre part, le Parti croate du droit, réincarnation d'un parti fondé à la fin du XIXe siècle par l'idéologue nationaliste et antisémite Josip Frank, matrice idéologique d'où sortit en 1932 le mouvement oustacha de sinistre mémoire. L'actuel parti s'est surtout signalé par le rôle de ses milices sur le front. Les défaites croates (surtout la chute de Vukovar) et le fait d'être la seule opposition face à un gouvernement de coalition l'ont mené, dans les sondages, jusqu'à 16 % des intentions de vote au mois de novembre 1991 (retombé à 5 % en avril 1992).

Malgré plus de cinquante partis reconnus, la situation des partis politiques en Serbie se résume également à un schéma simple. Le parti dominant est l'ancienne Ligue des communistes, rebaptisée Parti socialiste de Serbie. Le 9 décembre 1990, son dirigeant, Slobodan Milošević, fut élu dès le premier tour président de Serbie avec plus de 60 % des suffrages exprimés. Le parti obtenait près de 45 % des voix et, au second tour, 196 sièges sur 250 à l'assemblée unique du parlement serbe.

En dehors des «socialistes» de Milošević, le seul parti qui dépassa 10 % est le Parti du renouveau serbe de Vuk Drasković, initialement considéré comme nationaliste anticommuniste, mais dont le discours, à partir du début des hostilités, s'est modéré, au point de reprendre à son compte le mouvement d'opposition à la guerre. Sur la ligne des 5 % se tenait le Parti démocrate, qui a repris le nom d'un des deux partis historiques serbes d'avant 1941, et qui se donne pour le partisan le plus ferme de la privatisation.

Les autres formations sont très faibles. Onze d'entre elles s'étaient associées dans une coalition électorale, l'Opposition serbe unifiée, qui n'a recueilli que très peu de voix.

Le *Kosovo* constitue un cas particulier: l'assemblée a été dissoute en juillet 1990 par la Serbie: seuls 15 %

des électeurs du Kosovo ont voté en décembre 1990, du fait de l'abstention préconisée par l'opposition albanaise, et aucun parti légal n'est censé représenter les Albanais ; seul un député albanais a réussi à se faire élire à Belgrade. L'état d'urgence règne. L'arrestation, le 27 décembre 1991, d'un groupe armé de 11 Albanais du Kosovo est le symptôme d'une possible évolution de type « guerre de décolonisation ». Cependant, la vie politique albanaise est dominée par Ibrahim Rugova, qui s'efforce de rester dans un cadre pacifique. Le 24 mai 1992, il s'est fait élire « président » dans des élections clandestines, tenues dans des appartements privés.

Le *Monténégro* devrait intéresser les ethnologues du communisme : la Ligue des communistes a gagné les élections libres des 9 et 23 décembre 1990 (plus de 60 % des voix) sans changer de nom. Il est vrai qu'elle l'a fait en janvier 1992, pour devenir le Parti de la démocratie socialiste, mais le référendum sur la souveraineté en mars 1992 a tranché en faveur du maintien dans la fédération yougoslave.

Le jeune président du Monténégro, Momir Bulatović (34 ans), issu d'une dynastie communiste dans cette région clanique où le communisme domine la vie politique depuis les années 1920, est l'allié fidèle de Milošević : certains membres de la famille Milošević ont d'ailleurs la nationalité monténégrine. Toutefois, l'addition de tous les opposants (Musulmans, Albanais, indépendantistes) approche les 40 % et peut réserver des surprises.

Les situations en Bosnie-Herzégovine et en Macédoine offrent des analogies. Notamment, l'« union des forces réformatrices » d'Ante Marković a obtenu environ 10 % des voix dans chacune de ces deux républiques, ce qui tient au fait que l'attachement à une

Yougoslavie fédérale non serbe y était le plus fort de toute la Yougoslavie.

En *Bosnie-Herzégovine,* les trois partis principaux représentent fidèlement les trois peuples dans des proportions proches de leur part dans la population : Musulmans du Parti d'action démocratique (plus de 40 %), Serbes du Parti démocratique serbe de Radovan Karadžić (moins de 40 %), Croates de la HDZ (18 %). Le président de la république est un musulman, Izetbegović. Entre les trois principaux partis fut établie une coalition gouvernementale, dans laquelle les postes étaient répartis suivant une clé ethnique qui fait songer au Pacte national libanais de 1943 (le président de l'assemblée était un Serbe, Momcilo Krajsinik, et le Premier ministre un Croate, Jure Pelivan). Toutefois, la proclamation de la souveraineté de la république, le 15 octobre 1991, fut boycottée par les députés serbes, ce qui annonçait une recomposition entre un bloc des Musulmans et des Croates et les Serbes. Ceux-ci proclamèrent, en réaction, une république serbe de Bosnie-Herzégovine : on reconnaît là le processus même qui avait conduit à la guerre en Croatie. Si une région au monde présente *a priori* toutes les caractéristiques de la libanisation, c'est bien cette république.

En *Macédoine,* on relève les particularités suivantes. Le principal parti, en nombre de sièges sinon en voix, le VMRO (Organisation révolutionnaire macédonienne de l'intérieur), a repris le nom du principal parti historique et nationaliste du tournant du siècle. Les ex-communistes y ont obtenu leur meilleur score en dehors de la zone Serbie-Monténégro (plus de 20 %, 31 députés) et le président de la république, Kiro Gligorov, est un des principaux artisans de la réforme économique de 1965. Le vote des Albanais (20 à 30 % de la population, mais entre 30 et 50 % dans la capitale) [2] s'est porté sur un parti spécifique, qui s'est ensuite scindé en trois (Parti de la prospérité démocratique, 17 députés, Parti populaire démocratique, 6 députés, et Alliance démocratique des Albanais-Parti libéral, hostile à tout autonomisme albanais). Enfin, remarquons le relatif succès initial du parti réformiste fédéral de Marković (16 députés sur 120).

Malgré ce tableau contrasté, on peut tenter de dégager certaines tendances communes.

La première est le courant libéral-démocrate, qui prône la démocratie libérale, c'est-à-dire la souveraineté du peuple librement exprimée et l'Etat de droit qui organise l'exercice de cette souveraineté. Il est représenté dans presque tous les partis slovènes, dans une partie des forces politiques croates, y compris à la HDZ, et il se réveille en Serbie, principalement dans le Parti démocrate, le Parti du renouveau serbe tel qu'il résulte de son évolution depuis la guerre, sans oublier quelques intellectuels ou experts membres du parti de Milošević.

Il y a ensuite la série des partis explicitement (VMRO, partis albanais de Macédoine) ou implicitement (HDZ dans son courant dominant) nationalistes, qui se perçoivent comme les restaurateurs de l'identité blessée d'un peuple ; Milošević se rattache à ce groupe, même si l'héritage léniniste de son organisation reste assez apparent.

Enfin, troisième tendance, le destin des communistes apparaît contrasté : puissants là où ils se rattachent à

---

[2] Les Albanais ont boycotté le recensement d'avril 1991, arguant des risques de manipulation. Les Macédoniens liés au gouvernement affirment qu'en réalité il s'agissait par ce boycott d'éviter de reconnaître qu'ils sont moins nombreux qu'on ne croit. Il reste que la natalité albanaise est beaucoup plus élevée que celle des autres populations.

l'héritage de la Yougoslavie maintenue, c'est-à-dire dans les deux républiques du bloc serbe (Serbie, Monténégro), ils sont évincés dans les deux républiques issues de l'Autriche-Hongrie (Slovénie, Croatie) et se diluent dans des partis ethniques dans les ensembles composites que sont la Bosnie-Herzégovine et la Macédoine (par exemple le Parti démocratique des Serbes de Bosnie, à l'évidence proche de Milošević, se montre fort discret sur ses antécédents communistes). En tout état de cause, ces partis ont une relation à la démocratie bien ambiguë : ils lui empruntent la légitimation par le vote populaire, mais n'en acceptent pas les garanties procédurales de l'Etat de droit. Au surplus, les partis nationalistes ou communistes convertis à une pratique populiste sont par excellence le produit de « l'âge démocratique » au sens de Tocqueville, marqué par « l'égalité des conditions », l'individualisme et enfin l'autonomisation, traumatisante pour beaucoup, de la sphère économique par rapport à la totalité sociale.

Quel avenir ?

On peut envisager trois types de scénario, chaque type comportant lui-même plusieurs variantes : des scénarios de stabilisation pacifique par des processus internes, des scénarios d'intervention extérieure et des scénarios de « libanisation ».

Stabilisation pacifique?

Une stabilisation peut théoriquement s'imaginer sous trois formes : renaissance de la fédération, établissement d'une confédération plus ou moins lâche, accord sur des frontières sûres et mutuellement reconnues.

Le scénario de la fédération paraît le moins probable. Cela ne tient pas uniquement à l'empreinte que risquent de laisser les événements actuels (on ne saurait sous-estimer le poids traumatique d'une mémoire mal partagée : le cas des Vendéens en France et des événements de 1941 en Yougoslavie le montre, mais on a vu aussi, dans certaines conjonctures, des réconciliations inattendues et durables, comme la réconciliation franco-allemande). Mais, même réconciliés, les Serbes et les Croates constitueront certainement deux Etats distincts dans un avenir prévisible : la démocratisation post-communiste, le fait que la fédération a été initialement une copie du modèle soviétique dont le lien social était constitué par l'universalisme mobilisateur de l'idéocratie communiste, condamnent pour l'instant ce modèle.

La confédération peut-elle être l'avenir de la Yougoslavie ? On répondra ici fermement que non. Le modèle juridique existe en théorie, mais aucune confédération n'existe dans le monde (la « Confédération helvétique » est en réalité une fédération). On a surtout parlé de ce modèle en Yougoslavie entre mai 1990 et avril 1991, alors que la fédération yougoslave était en grand danger de disparition. Cela illustre à merveille la boutade des juristes : une confédération, c'est une fédération qui a échoué. Les historiens savent bien qu'une confédération qui réussit devient fédération. La confédération proposée un temps par les Slovènes aurait été une alliance inégale, modèle classique depuis la Ligue athénienne jusqu'à la « communauté » de Boris Eltsine. Or, c'est précisément l'attraction serbe que Slovènes et Croates rejettent.

La stabilisation dans le cadre de frontières sûres et reconnues est l'espoir raisonnable que l'on peut avoir, mais seulement à moyen ou long terme. En effet, la Croatie ne peut reconnaître l'annexion par la Serbie de plus de 25 % de son territoire. Le général de Gaulle a fort bien montré dans ses *Mémoires de guerre* qu'un acteur politique en position de faiblesse a une propension à l'intransigeance, une des rares choses qui prouvent son existence. La seule limite de ce comportement est le souci de sa survie et l'épuisement économique : la Croatie a accepté de nombreux cessez-le-feu pour protéger des positions ponctuelles. Mais un gouvernement croate ne peut accepter de perdre durablement une partie de la Dalmatie et de la Slavonie occupées, en admettant qu'il se résigne à céder la Krajina, le Srem et une partie de la Banija, partiellement peuplés de Serbes.

Certains, et notamment le président Tudjman, ont probablement songé à l'échange de territoires (Herzégovine croate contre certaines régions serbes de Croatie), mais cette solution heurte les autorités de Sarajevo, dominées par les Musulmans. Le démembrement de la Bosnie-Herzégovine est certes toujours une perspective ouverte, mais il ne se fera pas pacifiquement. L'extension du conflit en Bosnie-Herzégovine, région la plus « libanaise » de Yougoslavie par sa composition ethnique, et le possible réveil de la guerre au Kosovo empêchent durablement une stabilisation locale.

Intervention extérieure? [3]

Une autre perspective est l'attente d'un *deus ex machina* extérieur. Des acteurs externes, comme la CE, ont déjà joué un rôle, mais l'hypothèse de l'intervention de certains pays de la région (Bulgarie, Hongrie, Albanie, Grèce malgré ou à cause de son appartenance à la CE, à l'UEO et à l'OTAN) est possible dans certains cas de figure. Les Bulgares ont, dès le lendemain du référendum du 8 septembre 1991, reconnu l'Etat de Macédoine, sans reconnaître l'existence du peuple macédonien, dont ils pensent toujours qu'il est une composante du peuple bulgare ; les Hongrois s'irritent des violations de leur espace aérien et de l'afflux de réfugiés croates ; l'Albanie a un intérêt évident à contester le caractère serbe du Kosovo, et la Grèce refuse une Macédoine indépendante sous ce nom historique. Ces Etats sont peu puissants. Mais leur participation à un blocus économique de la Serbie aurait du poids, notamment celle de la Hongrie, qui contrôle les voies ferroviaires vers l'Allemagne. En effet, les Serbes actuels, même animés d'un nationalisme nourri des souvenirs de la bataille de Kosovo Polje ou des guerres balkaniques, ont aussi (surtout à Belgrade) goûté à la société de consommation, et on ne peut imaginer qu'ils acceptent de voir leur niveau de vie régresser à ce qu'il était dans les années 1950 et de rompre avec la modernité technique et mentale. Cependant, la spécificité du comportement grec, assez favorable à la Serbie de Milošević par solidarité « orthodoxe » et par méfiance vis-à-vis d'une république de Macédoine, complique le schéma régional et les calculs des acteurs européens et mondiaux.

[3] Sur ce point, voir le texte de Jacques Rupnik pages 115-138.

Mais des interférences plus larges peuvent s'envisager : Communauté européenne ou Union de l'Europe occidentale, CSCE, Etats-Unis et OTAN et, qui sait, plus tard, Russie. Si le rôle joué par la CE en 1991 a pu faire sourire et si les divergences politiques entre les Douze n'ont pas manqué, des actions ponctuelles de certains Etats membres, en leur nom propre ou au nom de la société internationale, sont possibles. La participation importante de la France aux forces de l'ONU le confirme.

L'UEO et la CSCE ne sont, militairement et politiquement, que des coquilles vides. Leur rôle serait de fournir l'habillage juridique d'une intervention dont la force réelle serait celle d'un Etat. Or, le protocole de Paris de novembre 1990 de la CSCE permet de justifier l'intervention de troupes américaines : c'est un point auquel on ne prête pas une attention suffisante. L'ultimatum américain du 29 avril 1992 (menace d'exclusion de la Yougoslavie de la CSCE) prouve cette articulation possible entre pression américaine et CSCE. Les Etats-Unis seraient la seule puissance actuelle à pouvoir projeter une force suffisante pour obliger tous les acteurs de la scène yougoslave à adopter un comportement différent. Nous n'en concluons pas qu'une telle intervention soit prochaine, mais simplement qu'il existe là une sorte de « dernier recours » si l'évolution de la crise faisait peser des charges trop lourdes sur les voisins (afflux de réfugiés, combats frontaliers).

L'ONU a envoyé des « casques bleus » en avril-mai 1992, mais quelles frontières faire respecter, celle des anciennes républiques, ou les lignes de cessez-le-feu ? Dans une situation (fréquente au Moyen-Orient) où les belligérants ne sont pas toujours bien définis, la simple présence des troupes de l'ONU ne signifie pas la paix.

Libanisation ?

C'est pourquoi, à moyen terme, c'est un autre scénario qui paraît le plus probable : celui d'une libanisation rampante. Les conditions en sont presque toutes réunies : multiplicité des acteurs politiques internes définis par une identité communautaire et religieuse (Serbes, Croates, Musulmans de Bosnie), autolimitation de fait ou hésitation sur les objectifs militaires ou politiques chez certains (la Serbie hésite sur la forme plus ou moins « yougoslave » de son projet politique), multiplicité des acteurs extérieurs qui rend impossible à court terme la « paix par l'empire » et l'impossibilité de s'accorder sur une « paix par la loi », selon les termes de Raymond Aron dans *Paix et guerre entre les nations*.

La multiplicité des acteurs internes et extérieurs rend difficile la « paix par l'empire ». Aucun acteur n'a le monopole de la force, légitime ou illégitime. Le fait que certains (le bloc serbe) disposent d'une puissance militaire supérieure n'est pas décisif pour mettre un terme à la libanisation, dans la mesure où un usage illimité de cette force aurait des effets politiques contre-productifs (pressions internationales, terrorisme), sans compter les difficultés logistiques et la démoralisation des appelés occupant des régions hostiles (déjà observée en juin 1991 en Slovénie). Il en résulte que l'acteur militairement dominant, le bloc serbe, doit rationnellement limiter ses objectifs politiques et militaires (pas de reconquête de toute la partie nord de la Croatie).

La multiplicité des acteurs externes pousse dans le même sens : les voisins de la Yougoslavie sont politiquement hésitants et militairement peu préparés : le seul acteur militairement opérationnel, les Etats-Unis, est politiquement peu concerné à court terme. Cela contribue à rendre inopérante la « paix par l'empire ».

La « paix par la loi », que recherche la CE, est très difficile. Aucun arbitre reconnu, aucun Etat de droit commun ne lie les protagonistes, qui ne s'accordent pas sur les principes généraux et dont les mythes fondateurs (« Grande Serbie », « Grande Croatie ») ou la mémoire partagée (événements de 1928, 1941) sont conflictuellement passionnels. Les mythes fondateurs serbes (dynastie des Nemanjides, bataille de Kosovo, révolte de Karageorges, guerres des Balkans, Grande Guerre) ne recoupent pas les mythes fondateurs croates (Royaume du roi Tomislav au Xe siècle, *Pacta conventa* d'union personnelle avec la Hongrie de 1102, épopée de Jelačić en 1848) ; même l'héritage du yougoslavisme est ambigu : théorique chez les Croates, il est pratique chez les Serbes. Aucun principe général ne les unit : l'épisode du 3 octobre 1991 montre le dédain des héritiers serbes du titisme pour l'Etat de droit, au sens occidental, tandis que, verbalement du moins, les Croates y adhèrent.

Le scénario de la libanisation ne signifie pas une guerre continue : certaines années de la guerre libanaise de 1975-1990 furent assez calmes. D'autre part, la libanisation peut déboucher sur une situation israélienne, du type de celle qui a régné en 1949-1967 : attentats et représailles n'empêchaient pas un respect d'ensemble de la « ligne verte ». Mais l'impossibilité de parvenir, dans un délai prévisible, à une reconnaissance des frontières, tout comme au Moyen-Orient, menace et menacera longtemps de faire renaître sans cesse de nouveaux conflits. Il faudra organiser un jour, mais cela peut nécessiter des décennies, une conférence de la paix qui dépasse le cadre d'un armistice.

La Yougoslavie est donc morte parce que, comme l'a souvent souligné Djilas, elle ne vaut que par l'union serbo-croate. La libanisation est une réalité présente et une probable et durable réalité future. Après la Bosnie-Herzégovine, l'extension du conflit au Kosovo et au Sandjak, en réservant le cas de la Macédoine, apparaît probable. On peut résumer le problème en paraphrasant Raymond Aron en 1947 : Yougoslavie impossible, paix improbable.

Les enjeux internationaux

par Jacques Rupnik

Les bombardements de Sarajevo symbolisent pour l'Europe entière le retour de la barbarie sur le continent : l'après-communisme ne serait pas l'ère tant annoncée du « nouvel ordre mondial », mais celle du risque de nouveaux conflits dans une Europe épargnée par la guerre depuis 1945. Il est tentant de parler d'un retour de ces « guerres balkaniques » qui, en 1912-1913, avaient préludé à la grande conflagration européenne.

Pourtant, Sarajevo 1992 n'est pas Sarajevo 1914 : personne en Europe n'a intérêt à transformer les affrontements dans l'ex-Yougoslavie en conflit international. En 1914, les Balkans étaient le terrain privilégié de la rivalité entre les grandes puissances : l'Allemagne, la Russie, l'empire ottoman et celui des Habsbourg. Aujourd'hui, les grandes puissances ne s'affrontent plus par nationalismes balkaniques interposés. S'il existe des facteurs externes, un environnement international du conflit dans l'ex-Yougoslavie, ses causes sont essentiellement internes.

Deux facteurs constitutifs de l'environnement international ont néanmoins favorisé la remise en cause du *statu quo* interne à la Yougoslavie. Le premier est la fin de la guerre froide. Pendant des décennies, Tito avait su jouer avec une grande habileté de la menace soviétique à la fois pour consolider la cohésion interne du pays et pour obtenir des Occidentaux un soutien économique et de politique étrangère. Dans les états-majors occidentaux, la plupart des scénarios de conflit Est-Ouest en Europe commençaient à Berlin ou en Yougoslavie. Avec l'avènement de Gorbatchev et la fin de la guerre froide, l'importance stratégique de la Yougoslavie, aux yeux des Occidentaux, n'a cessé de décliner.

Deuxième facteur externe à entrer en jeu, la révolution de 1989 à Varsovie, à Budapest, à Prague, mais aussi à Sofia et à Bucarest, devait parachever ce processus. Partie la première dans la réforme du système communiste, la Yougoslavie se retrouvait la dernière. Avec l'effondrement du communisme en Europe centrale et orientale, le modèle de communisme réformiste à la yougoslave apparut soudain comme désuet à l'extérieur et même insupportable aux républiques les plus prospères à l'intérieur.

Les dominos de la désintégration communiste n'ont pas épargné la Yougoslavie. La question aujourd'hui est de savoir si les dominos de la désintégration de la Yougoslavie sauront épargner les pays voisins et la stabilité des Balkans.

Désintégration yougoslave et équilibre balkanique

L'éclatement de la Yougoslavie n'a pas été provoqué de l'extérieur, mais les réactions des pays les plus directement concernés et la recomposition politique dans les Balkans font apparaître de nouveaux clivages, de nouvelles alliances potentielles ou réelles, au point que la nouvelle carte géopolitique de l'espace post-yougoslave ressemble parfois à s'y méprendre à celle d'avant 1914 ou de 1941. La coupure principale entre le pôle Nord-Ouest et le pôle Sud-Est du pays correspond au clivage entre les territoires ayant appartenu à l'empire austro-hongrois (Slovénie et Croatie) et ceux qui faisaient partie de l'empire ottoman. La Bosnie-Herzégovine constitue un cas intermédiaire : sous domination turque depuis la fin du Moyen Age jusqu'en 1875, elle fut rattachée en 1908 à l'Autriche.

C'est donc presque naturellement que le soutien aux indépendantistes slovènes et croates vint surtout d'Autriche et d'Allemagne, mais aussi, avec plus de modération, d'Italie et de Hongrie. La Serbie s'est appuyée, du moins dans un premier temps, sur ses alliés traditionnels : la France et la Russie. Au plan régional, elle pouvait compter sur le soutien de la Grèce et de la Roumanie. Enfin la disparition de la Yougoslavie, la guerre en Bosnie et la montée des tensions en Macédoine et au Kosovo furent les révélateurs du nouveau rôle de la Turquie dans les Balkans. De là à parler d'un retour des puissances vaincues de la Première Guerre mondiale…

Les clivages apparus à la faveur de l'explosion yougoslave sont chargés de risques pour la stabilité de la région. Chacun des acteurs du conflit intra-yougoslave a cherché un soutien auprès d'un ou de plusieurs pays voisins. La nouvelle donne s'oriente selon deux pôles.

Le pôle Nord-Ouest

L'objectif prioritaire de la Slovénie et de la Croatie, surtout depuis la proclamation de leur indépendance en juin 1991, était d'obtenir la reconnaissance occidentale et de se détacher au plus vite de l'univers balkanique en s'intégrant à une Europe centrale en gestation. L'appui de *l'Allemagne* était décisif sur le premier point, celui de l'Autriche sur le second. L'opinion allemande, du fait notamment de la présence de plusieurs centaines de milliers de travailleurs croates en RFA, était plutôt hostile à la Serbie. Après l'envoi de l'armée yougoslave en Slovénie le 27 juin 1991, les dirigeants politiques apportèrent à leur tour un soutien de plus en plus explicite aux républiques indépendantistes. Le ministre allemand des Affaires étrangères Genscher l'affirma lors de sa rencontre avec le président slovène Milan Kučan, le 2 juillet à Villach en Autriche : pour une Allemagne qui venait de se réunifier, le principe de l'autodétermination ne pouvait être dénié par la force à d'autres. Au lendemain du putsch raté de Moscou en août 1991, Genscher annonça que l'Allemagne reconnaîtrait la Slovénie et la Croatie dans leurs frontières existantes si l'armée yougoslave ne se retirait pas immédiatement. Six mois plus tard, l'indépendance était reconnue. On a parfois ironisé sur les excès de la germanophilie croate (le Parlement croate chante « Danke Deutschland » lors de la reconnaissance officielle par l'Allemagne, un « café Genscher » ouvre à Zagreb) ; mais il est bien vrai que c'est finalement l'ensemble de l'Europe qui se rallia au point de vue allemand.

La Slovénie, elle aussi, comptait sur le poids de l'Allemagne au sein de la Communauté européenne pour obtenir la reconnaissance de son indépendance. Mais, sur le plan des relations bilatérales, elle misait d'abord sur *l'Autriche* comme partenaire privilégié : un retour aux sources, en somme. Non seulement parce que Vienne fut la plus prompte à apporter un soutien politique (plus vigoureux de la part des ministres du Parti populaire, Mock et Busek, que du Premier ministre socialiste), mais aussi parce que les deux provinces limitrophes, la Styrie et la Carinthie (où vit une minorité slovène), exprimèrent une solidarité concrète dans l'adversité. Si ce soutien politique fut appréciable, il est clair que l'Autriche ne peut, à elle seule, fournir aucune garantie de sécurité. Tout au plus a-t-elle encouragé l'insertion de la Slovénie et de la Croatie dans l'Initiative centre-européenne (prolongement du projet Alpes-Adria et de la Pentagonale [1]) aux côtés de la Tchécoslovaquie, de la Hongrie et de l'Italie.

L'Italie apporta un soutien plus mesuré à l'indépendance slovène et croate à la fois à cause de ses responsabilités communautaires et par crainte de retombées déstabilisatrices en cas de désintégration de la Yougoslavie à ses frontières. Son ministre des Affaires étrangères De Michelis fut à l'origine de la Pentagonale et

---

[1] Alpes-Adria, organisation de coopération régionale fondée à Venise en 1978, réunissait 14 régions membres appartenant à cinq Etats (Italie, Autriche, Yougoslavie, Hongrie, Allemagne). Les membres yougoslaves étaient la Croatie et la Slovénie. L'objectif était la coopération en matière de transports, énergie, agriculture, tourisme, recherche, santé, protection des eaux et de l'environnement, échanges culturels. La Pentagonale en est un prolongement. Voir Ivan Luben, *Une structure transfrontalière en Europe centrale des Alpes à l'Adriatique,* Paris, FEDN, 1991.

d'un rôle actif de l'Italie en Europe centrale, afin qu'elle ne devienne pas une zone d'influence allemande. Mais l'Italie se montra très réticente dès qu'il s'agit d'envisager le transit de troupes de l'armée yougoslave évacuant la Slovénie ou l'accueil de réfugiés de Croatie ou de Bosnie. La frontière de Trieste, ouverte depuis le traité d'Osimo de 1977, fut refermée en 1991. Les dirigeants politiques se divisèrent entre le courant démocrate-chrétien, qui, en accord avec le Vatican, soutenait la Croatie, et ce qu'une partie de la presse appela le « lobby franc-maçon » (représenté par De Michelis), accusé de vouloir garder la porte ouverte au gouvernement Marković à Belgrade, mais aussi à la Macédoine et surtout à l'Albanie, qui faisait partie de l'ancienne sphère d'influence italienne.

La Hongrie oscilla entre deux attitudes renvoyant à deux réalités héritées de l'histoire : la sympathie pour la cause croate, dans le prolongement d'une histoire commune du XIIe siècle jusqu'en 1918, et l'existence d'une importante minorité hongroise en Voïvodine (Serbie) dont la protection était jugée prioritaire. D'où une ambivalence, voire certaines contradictions : était-il dans l'intérêt de la Hongrie (et des minorités hongroises) de voir la Yougoslavie remplacée par plusieurs Etats plus faibles, ou bien fallait-il éviter de heurter la Serbie et tenir la question de la Voïvodine à l'écart du conflit serbo-croate ?

Relevaient de la première attitude les livraisons d'armes à la Croatie en janvier 1991 (bien imprudentes quand on songe au sort de la minorité hongroise en Serbie), et la déclaration du Premier ministre Antall (été 1991) selon laquelle la Voïvodine avait été attribuée par les traités de Versailles et du Trianon à la Yougoslavie et non à la Serbie : autrement dit, si la Yougoslavie n'existait plus, tout, y compris les frontières avec la Hongrie, serait renégociable. Ce thème n'a pas été repris par la diplomatie hongroise, mais il a aussi son importance pour les relations avec la Roumanie et la Slovaquie.

Malgré ces audaces, la position hongroise resta, dans l'ensemble, prudente, dans le sillage des efforts de médiation de la CEE : la Hongrie, sans doute le pays le mieux engagé dans la sortie du communisme, avait trop à perdre à une déstabilisation de la région. Quant au lien historique avec la Croatie, les historiens que sont le Premier ministre Antall et le ministre des Affaires étrangères Jesensky savent sûrement son importance, mais aussi ses limites : le dernier pacte entre la Hongrie et la Croatie, signé au début de 1945, n'a pas épargné l'humiliation de la défaite à ces deux alliés de l'Allemagne...

Le pôle Sud-Est

Au sud-est, la partie balkanique de l'ex-Yougoslavie s'articule autour de deux noyaux : le serbe, dont les appuis extérieurs sont la Grèce, la Roumanie et la Russie, et le musulman, dont le soutien extérieur, à côté de la Turquie, comprend, selon les cas, l'Albanie (pour la question du Kosovo) et la Bulgarie (pour la question de la Macédoine).

La Serbie orthodoxe souffre d'un complexe d'encerclement face aux Croates, catholiques, soutenus par l'Allemagne, et face aux musulmans, soutenus par la Turquie. Dans le contexte de son isolement international croissant, elle s'efforça naturellement de chercher ses alliés auprès de pays orthodoxes.

La Russie, son allié traditionnel, s'avéra de moins en moins efficace comme soutien sur la scène internationale au fur et à mesure que le parallèle entre le sort de l'URSS et celui de la Yougoslavie perdait de sa pertinence : le processus de dissolution de l'Union soviétique, auquel la Russie d'Eltsine contribua puissamment, rendit impossible le soutien de Moscou aux positions de Belgrade sur l'unité de la Yougoslavie. Par contre, les réticences de la Russie à adopter des sanctions contre la Serbie devaient beaucoup non seulement aux sympathies de l'opinion russe, mais surtout au parallèle russo-serbe après la disparition de l'Etat multinational : faire sanctionner Milošević pour sa défense musclée des minorités serbes hors de Serbie pouvait constituer un précédent délicat pour Eltsine, qui affirme de son devoir de protéger les 25 millions de « pieds-noirs » russes vivant en dehors de la Russie. D'autant que Eltsine et la diplomatie russe subissent la pression vigilante des cercles nationalistes et slavophiles, qui les accusent de « trahir les frères slaves » et de « brader l'intérêt national russe dans les Balkans ». Même si elle cherche à ne pas compromettre ses rapports avec l'Occident, la Russie espère aussi jouer un rôle de médiateur dans le conflit yougoslave. D'où l'opposition de Moscou à l'expulsion de Belgrade de la CSCE et sa prompte reconnaissance de la « Yougoserbie » le 27 avril 1992.

Le soutien de *la Roumanie* se situait dans le prolongement de relations étroites, diplomatiques et économiques, développées de longue date. Iliescu et Milošević font partie de ces dirigeants communistes qui se sont maintenus au pouvoir par un recours au nationalisme. Mais surtout, la Roumanie, comme la Serbie, a une importante minorité hongroise sur son sol et considère le cas de la Voïvodine comme un test des intentions de la Hongrie vis-à-vis de ses voisins. Cependant, comme pour la Russie, le soutien de la Roumanie est limité par le souci de ne pas compromettre les rapports avec l'Occident, particulièrement avec la Communauté européenne.

La Grèce ne s'embarrasse point de tels scrupules. Son soutien explicite à Belgrade (visite de Mitsotakis à Milošević en janvier 1992) concerne tant la droite au pouvoir que l'opposition socialiste, tant la diplomatie que la population. Pourquoi ce soutien? D'abord, à cause de la Macédoine : ceux qui se considèrent comme les descendants d'Alexandre le Grand jugent intolérable l'usage même de ce nom [2] et y détectent l'intention d'unir au nouvel Etat les populations slaves hellénisées de Thrace. Et de soupçonner derrière ces visées (Sofia et Ankara ayant reconnu cet Etat) la main de la Sublime Porte. Car, et c'est le deuxième motif de la serbophilie de la Grèce, les successeurs de l'empire byzantin, détruit par l'empire ottoman, s'orientent, dans leur politique balkanique, d'abord et avant tout par rapport à l'adversaire ancestral qu'est la Turquie.

La Turquie, héritière de l'empire ottoman, retrouve un rôle de puissance régionale sur les décombres du communisme dans les Balkans. Dans le conflit yougoslave, elle se pose en défenseur privilégié des musulmans balkaniques et en point de ralliement des forces hostiles à l'axe Belgrade-Athènes.

Pendant les années 1980, son principal contentieux

---

[2] La Grèce préconise l'appellation « République de Skopje ». Une énorme manifestation a été organisée à Salonique le 14 janvier 1992 contre l'utilisation du nom de Macédoine par le nouvel Etat. Sur les craintes grecques de voir la Macédoine ex-yougoslave unie à la « Macédoine de Pirin » (bulgare) et à la « Macédoine égéenne » (grecque), voir K. Spyropoulos, « La Macédoine, une épée de Damoclès audessus de la Grèce », traduit de *Tachydromos* (Athènes) par le *Courrier International*, 5 mars 1992.

avec les pays voisins concernait le sort des minorités turques, surtout en Bulgarie et en Grèce. 300 000 Turcs avaient été chassés de Bulgarie sous le régime de Jivkov. La chute du communisme a permis de normaliser les relations avec la Bulgarie, tandis que le problème numéro un devenait le sort des musulmans en Yougoslavie : au Kosovo, au Sandjak et surtout en Bosnie.

Les musulmans de Bosnie sont des Slaves islamisés sous la domination turque. La Yougoslavie de Tito les avait érigés au rang de nationalité, se fiant peut être trop à leur tiédeur religieuse. Mais les nouvelles élites bosniaques sont loin de correspondre à ce modèle de Musulman yougoslave [3]. Le président Izetbegović a fait de la prison sous le régime communiste pour sa « Déclaration islamique » qui disait : « Notre but, l'islamisation des Musulmans. Notre devise, croire et combattre ». Le modèle politique d'Izetbegović est d'abord l'Iran, et la propagande islamiste iranienne est très active à Sarajevo. Mais, en politicien réaliste, cherchant un contrepoids régional à la puissance serbe, Izetbegović se tourne vers la Turquie qui, tout en utilisant l'islam pour pénétrer dans l'ex-Yougoslavie (Bosnie, Macédoine), représente un modèle non islamiste du politique. C'est à ce titre d'ailleurs que son nouveau rôle est favorablement accueilli par les Occidentaux.

Dans quelle mesure cette protection des musulmans

---

[3] Le communisme yougoslave distinguait les musulmans (religion) des Musulmans (nationalité). Avec son éclatement et les progrès du communautarisme, les Musulmans largement sécularisés de Bosnie ont tendance à se replier sur leur identité religieuse, facilitant par là le projet des élites intellectuelles (dissidentes et ex-communistes) d'orientation islamiste. Voir Xavier Bougarel, « Discours d'un ramadan de guerre civile » (Fondation nationale des sciences politiques, mémoire inédit, 1992).

bosniaques pourrait-elle s'étendre au Kosovo, province autonome de Serbie peuplée aujourd'hui à 85 % d'Albanais [4] ? C'est certainement ce que souhaite l'Albanie qui, sous la direction de Sali Berisha, formule des intentions de plus en plus précises à l'égard du Kosovo.

Il existait deux obstacles majeurs à tout projet d'unification du Kosovo avec l'Albanie : la cohésion de l'Etat yougoslave et la persistance du stalinisme en Albanie, parfait repoussoir pour les élites les plus éclairées du Kosovo, qui se considèrent depuis la fin du XIXe siècle comme le Piémont d'une éventuelle unité albanaise. Les deux obstacles ont disparu et certains, à Tirana comme au Kosovo, envisagent déjà une Grande Albanie unissant à la mère patrie les Albanais du Kosovo, mais aussi de Macédoine où ils représentent officiellement un cinquième, en réalité sans doute un tiers, de la population. Le soutien que l'Albanie prodigue à la Macédoine dans sa querelle avec Belgrade et Athènes risque de se révéler, comme celui de la Bulgarie, très provisoire.

La Macédoine est la seconde république ex-yougoslave à souhaiter un rôle accru pour la Turquie, qui l'a reconnue en février 1992 en même temps que la Slovénie, la Croatie et la Bosnie.

Depuis les guerres balkaniques du début du siècle, la Macédoine était l'objet de convoitises rivales de la Bulgarie et de la Serbie. Après la rupture entre Staline

---

[4] Il s'agit essentiellement d'un soutien diplomatique et matériel. Mais le traité de coopération signé par Ankara et Tirana prévoit une coopération dans le domaine de la sécurité. L'Albanie veut cependant éviter de provoquer l'hostilité de la Grèce. Voir S. Sayari, « La Turquie et la crise yougoslave », *Politique étrangère* n° 2/1992, pp. 309-316.

et Tito, les polémiques entre Sofia et Belgrade sur l'existence d'une nation macédonienne constituèrent le meilleur baromètre des relations entre l'URSS et la Yougoslavie. Le fait que la Bulgarie ait été si prompte à reconnaître la Macédoine en tant qu'Etat constitue un revirement sans doute non dépourvu d'arrière-pensées [5]. Il permettait en tous cas le rapprochement entre Sofia, Skopje et Ankara.

Ce nouvel activisme de la Turquie dans l'ex-Yougoslavie s'inscrit dans sa réinsertion au sein d'un espace turco-islamique qui, dans son acception la plus large donnée par le Premier ministre Suleyman Demirel, «s'étend des rives de l'Adriatique à la Chine». Le retour dans les Balkans après l'éclatement de la Yougoslavie s'accompagne du retour dans le monde turcophone de la Transcausasie et de l'Asie centrale après l'éclatement de l'Union soviétique. Mais la Turquie a-t-elle les moyens d'une telle ambition? Déjà un débat s'instaure dans le pays entre ceux qui souhaitent compenser, par un nouveau rôle dans les Balkans, la volonté de la Communauté européenne de laisser à la porte cet éternel prétendant qu'est la Turquie et ceux, surtout chez les militaires, qui craignent l'enlisement dans des conflits ethnico-religieux interminables.

Les voisins de l'ex-Yougoslavie craignent, après la Bosnie, une propagation du conflit vers le sud: Kosovo et Macédoine. L'Albanie ne resterait sans doute pas passive en cas de soulèvement au Kosovo contre la

---

[5] Il faut noter la distinction que font les Bulgares entre l'Etat de Macédoine (qu'ils reconnaissent) et la nation macédonienne (qu'ils refusent de reconnaître). Si l'Etat venait à être remis en cause par un soulèvement albanais ou sous la pression de Belgrade et d'Athènes, on pourrait voir le retour d'anciennes convoitises bulgares sur la Macédoine.

domination serbe. Et l'écho qu'un tel soulèvement éveillerait chez les Albanais de Macédoine rendrait encore plus vulnérable cette dernière aux pressions des pays voisins, à commencer par la Bulgarie. Après la Grande Serbie, ce serait la voie ouverte au projet d'une Grande Albanie ou d'une Grande Bulgarie : une carte qui ressemblerait étrangement à celle de 1941. D'un conflit intra-yougoslave naîtraient ainsi les ingrédients de nouveaux conflits régionaux.

Si le pire n'est jamais sûr, il reste que la dislocation de la Yougoslavie a fait apparaître de nouvelles lignes de partage et de nouvelles alliances virtuelles ou réelles : Nord-Ouest/Sud-Est à partir du conflit serbo-croate ; Grèce/Turquie à partir du conflit serbo-musulman. Désormais le spectre des dominos balkaniques hante l'Europe.

La gestion internationale de la crise yougoslave

Si l'origine de la crise est intra-yougoslave, son extension et son issue future dépendent de sa gestion par la communauté internationale. Un an après l'éclatement du conflit, alors qu'un peu partout la presse compare le leader serbe Milošević à Saddam Hussein, on s'est demandé pourquoi la communauté internationale n'a pas réagi en lançant une « tempête des Balkans » sur le modèle de l'opération « tempête du désert ». Plusieurs facteurs ont joué dans la lenteur et le caractère hésitant de ses réactions.

D'abord, en termes stratégiques, la fin de la guerre froide a joué en sens inverse dans les deux conflits : tandis qu'elle avait rendu nécessaire et possible l'intervention au Koweït, elle semblait la rendre superflue dans le conflit yougoslave ; d'autant que ce dernier ne mettait en jeu ni des ressources pétrolières ni une menace nucléaire.

La seconde différence concerne le statut du conflit en termes de droit, dimension non négligeable lorsqu'il s'agit de construire un consensus de la communauté internationale. L'invasion du Koweït était une violation sans contestation possible de la souveraineté d'un Etat. Au départ, l'envoi de l'armée yougoslave en Slovénie, puis en Croatie s'inscrivait, en droit international, dans le cadre d'un conflit interne à un Etat, la Yougoslavie. Tout le problème du passage de frontières internes à des frontières externes pour les républiques indépendantistes révéla le décalage constant entre la rapidité des développements politiques et militaires et la lenteur de la reconnaissance juridique. On peut avoir politiquement raison et juridiquement tort.

Le troisième facteur, c'est le non-engagement des Etats-Unis au moment même où l'on célébrait l'avènement du « moment unipolaire » (Charles Krauthammer) et du « nouvel ordre mondial ». Le contraste est saisissant entre le James Baker de juin 1991, affirmant à Belgrade, à la veille de la proclamation de l'indépendance slovène et croate, le refus « quelles que soient les circonstances » de les reconnaître au nom de son attachement au « principe d'unité et d'intégrité territoriale de la Yougoslavie » et le même Baker (ayant reconnu les deux républiques) réclamant des sanctions, voire proférant des menaces d'intervention à l'encontre du régime de Belgrade. Dans l'intervalle (la guerre s'était étendue de la Croatie à la Bosnie), les Etats-Unis furent quasiment absents du conflit, déléguant sa gestion aux Européens.

Les Européens, en premier lieu la Communauté, ont

assumé la gestion de la crise. Mais leur revirement fut aussi radical car il s'appuyait sur des prémisses analogues. Non que l'Occident ne disposât pas d'une information fiable : de nombreux experts avaient analysé la logique de l'éclatement, un rapport de la CIA en ce sens avait été rédigé en 1990 ; mais il se refusait à percevoir la nature de la crise. Deux axiomes forment la base de ce contre-sens : l'unité, l'intégrité du territoire, sont les garants de la paix entre ethnies yougoslaves ; la stabilité régionale et internationale exige le maintien d'un acteur plutôt que le chaos de la fragmentation.

Ces deux principes très généraux passent à côté du lien fondamental entre l'effondrement du communisme et celui des Etats multinationaux qu'il a créés. Ils négligent aussi l'interaction entre la poussée démocratique et l'aspiration à l'indépendance, entre souveraineté populaire et souveraineté nationale. Classer tout processus d'accès à l'indépendance dans la rubrique « affirmation identitaire belligène », c'est confondre le conflit de la Slovénie (ou des pays Baltes) contre Belgrade (ou Moscou) avec celui qui oppose Arméniens et Azéris en Transcaucasie. Ce n'est pas la « haine tribale » qui décomposa la Yougoslavie. C'est la décomposition de la Yougoslavie et la tentative de l'enrayer par la force qui ont créé les conditions de l'explosion de conflits interethniques. Le fait de placer l'unité de la Yougoslavie au-dessus de toute autre considération (Delors à Belgrade en mai, Baker en juin 1991) a été interprété par le pouvoir serbo-fédéral comme le feu vert de l'Occident à l'usage de la force par l'armée yougoslave. Or c'est précisément cet emploi de la force contre une volonté démocratiquement exprimée qui signa l'acte de décès de la Yougoslavie.

Le seconde explication de la position occidentale en

1991, c'est le désir de ne pas créer, avec la dissolution de la Yougoslavie, un précédent pour l'URSS (« une Yougoslavie avec des armes nucléaires », selon Baker). En somme, l'Occident a fait de son mieux pour maintenir au pouvoir le gouvernement Marković à Belgrade comme pour soutenir Gorbatchev à Moscou. Tous deux étaient, certes, bien intentionnés, mais au bout du compte n'avaient ni légitimité, ni pouvoir.

Après l'échec du coup d'Etat à Moscou en août 1991, l'argument du « précédent » et le refus de reconnaître l'indépendance de la Slovénie et de la Croatie ne tiennent plus. Et inversement : l'éclatement inévitable de la Yougoslavie prépare à son tour une attitude plus réaliste face à la dissolution de l'URSS. Le cas yougoslave marque l'échec de l'école « jacobine » de la diplomatie française, mais aussi de l'école « kissingerienne » (Lawrence Eagleburger, surnommé « Lawrence of Serbia » par la presse de Washington, sous-Secrétaire d'Etat et ancien ambassadeur à Belgrade, Warren Zimmermann, ambassadeur rappelé en 1992) de la diplomatie américaine.

Comment les principales institutions européennes ont-elles tenté de gérer la crise ? La Conférence sur la sécurité et la coopération en Europe (CSCE) semblait être l'institution la plus adaptée pour faire face à la situation. Son secrétariat à Prague et surtout le Centre de prévention des conflits de Vienne, tous deux créés à la conférence de Paris du 21 novembre 1990, connaissaient là leur premier véritable test. La procédure enclenchée aboutit à l'envoi d'une mission, mais non à une médiation. Tout au long de la crise, la CSCE se limita à énoncer des principes d'inviolabilité des frontières ou de droits des minorités, sans disposer des moyens de les faire appliquer. Le principe de non-ingérence dans les affaires intérieures d'un Etat, introduit dans la CSCE dès sa fondation par l'URSS brejnévienne, empêchait l'adoption de toute résolution critiquant le gouvernement de Belgrade. C'est d'ailleurs à la crise yougoslave que l'on doit la remise en cause de cette règle et l'adoption du principe du «consensus moins un». Ainsi la CSCE a pris beaucoup plus vite l'initiative de médiation dans le conflit du Haut-Karabakh.

Entre temps, la décision d'intervenir dans la crise yougoslave fut assumée par la Communauté européenne, qui n'avait aucune base juridique pour le faire. Dans les premiers mois, la Communauté s'est, de fait, substituée à la CSCE et à l'ONU et, en l'absence des Etats-Unis et de l'URSS, est devenue le principal interlocuteur international des protagonistes du conflit. Il lui fallait intervenir non seulement parce qu'aucune autre institution ou puissance n'était prête à le faire, mais parce que, après son absence dans la crise du Golfe, elle se devait d'être présente dans un conflit sur le continent européen, perçu au surplus comme un test pour la gestion de l'après-communisme en Europe du centre-est.

Cette intervention communautaire connut trois temps forts. Le premier, la médiation de la «troïka» (De Michelis, Van den Broek, Poos), entreprise le 29 juin 1991, aboutit le 7 juillet au compromis de Brioni qui comprenait le cessez-le-feu en Slovénie, un moratoire de trois mois sur la mise en application de la sécession slovène et croate et l'élection du Croate Stipe Mesić à la présidence fédérale. Ce fut le plus grand succès de la médiation européenne. Il ne dura que quelques jours.

Une seconde initiative fut l'organisation, sous la présidence de Lord Carrington, d'une Conférence de paix sur la Yougoslavie à La Haye. Un an plus tard, une conférence se réunissait à Londres mais son président, découragé, démissionnait.

L'accord de Brioni prévoyait l'envoi d'une commission européenne chargée de surveiller le respect des engagements pris. Treize cessez-le-feu en six mois suffisent à montrer le grand cas que les protagonistes du conflit faisaient des hommes en tenue blanche, affectueusement surnommés par la population les « marchands de glace ».

L'arbitrage constitue le troisième volet de l'intervention communautaire. La Commission d'arbitrage, composée de cinq présidents de Cours constitutionnelles et présidée par Robert Badinter, est sans doute l'élément le plus novateur de l'intervention européenne : il ne s'agit plus là de réagir simplement à une situation existante, mais d'élaborer des principes, et même de créer une institution qui pourrait aider à résoudre les contentieux non seulement dans l'ex-Yougoslavie, mais plus généralement dans l'ex-empire soviétique. Ces principes (non-recours à la force, droit à l'autodétermination, droits de l'homme et droits des minorités nationales, respect du tracé des frontières lors de la transformation de frontières intérieures en frontières internationales) représentent une création du droit à usage de l'Europe post-communiste et pourraient constituer, si une telle institution était reconnue par les intéressés, un contrepoids aux dangers de désintégration, qui ne concernent pas que la Yougoslavie.

L'apport communautaire dans cette création du droit concerne surtout deux domaines essentiels pour la stabilité de la région : les frontières et le droit des minorités. Sur le premier point, la commission Badinter a recommandé le passage tel quel des frontières internes à des frontières externes : « A défaut d'un accord contraire, les limites antérieures acquièrent le caractère de frontières protégées par le droit international» (avis n° 3 du 11 janvier 1992). A côté du respect du *statu quo* territorial, la Communauté s'est attachée (avec le Conseil de l'Europe) à élaborer un droit des minorités, l'une des principales sources de conflit dans les Balkans. En imposant des conditions précises à la Croatie (seconde nationalité, systèmes éducatif et administratif propres, et même une police et une justice autonomes), la Communauté a créé un précédent qu'il sera difficile d'ignorer ailleurs, qu'il s'agisse du Kosovo ou de la Roumanie. En ce sens, le cas de l'ex-Yougoslavie sert de laboratoire à la gestion des problèmes de minorités dans l'ensemble de l'Europe post-communiste.

Mais comment faire accepter les avis de la commission par les intéressés à l'Est et espérer en faire une Cour d'arbitrage européenne alors que ses avis ne sont pas toujours entendus par les instances de la Communauté ? Dans son rapport du 11 janvier 1992, la commission Badinter constatait que la Yougoslavie était «engagée dans un processus de dissolution» et recommandait de reconnaître l'indépendance de la Slovénie et de la Macédoine, tout en préconisant comme préalable à la reconnaissance de la Croatie un statut des minorités nationales, et pour celle la Bosnie-Herzégovine, la tenue d'un référendum. Or la Communauté reconnaissait le 15 janvier la Croatie (malgré les réserves de la commission), et refusait de reconnaître la Macédoine (malgré l'avis favorable), ce qui ne pouvait que contribuer à la déstabilisation dans cette république. Quant à la Bosnie, exiger que s'y déroule un référendum sur l'indépendance c'était aussi accélérer sa partition, puisque les Serbes de cette république refusaient de l'accepter, menaçant de proclamer à leur tour leur «autonomie» avec pour suite la guerre. Au lieu de desserrer l'étau des nationalismes (et de leur leaders) en Bosnie, la politique communautaire revenait de fait à accepter son partage en trois.

Sans doute la principale faiblesse des interventions européennes ne réside pas tant dans les étapes elles-mêmes (médiation, arbitrage, reconnaissance), une fois le conflit déclenché, mais en ceci qu'elles venaient trop tard et n'allaient pas assez loin. Si, au lieu de répéter jusqu'à l'heure de l'explosion que la Yougoslavie devait rester une et indivisible, l'Europe avait proposé sa médiation avant que les armes n'aient parlé, elle aurait pu contribuer à empêcher cela en favorisant la transformation d'une fédération impossible en confédération démocratique. Après tout, c'était là le projet proposé en commun par la Slovénie et la Croatie en septembre 1990. L'arbitrage de la commission Badinter est sans doute important pour l'avenir, mais par définition l'efficacité d'une telle institution intervient avant ou après un conflit armé, quand la force de l'argument peut reprendre le pas sur l'argument de la force.

Mais surtout : la médiation européenne s'est trop longtemps laissé prendre au piège de l'équidistance entre Serbes et Croates renvoyés dos à dos. La non-identification de l'agresseur par la Communauté européenne enlevait tout poids à ses pressions sur la partie serbo-fédérale. Ce n'est qu'en mai 1992, après l'élargissement du conflit à la Bosnie-Herzégovine, que l'on opta pour les sanctions et l'isolement international du régime de Milošević.

La Communauté ne fit qu'un usage tardif de son arme principale, qui n'était ni l'autorité pour dire le droit ni la puissance militaire, mais la conditionnalité : puisque tous les protagonistes dépendaient d'elle économiquement, elle aurait pu d'emblée utiliser les sanctions économiques ; puisque tous aspirent à faire partie du club démocratique qu'elle représente, elle peut faire dépendre toute relation du respect d'un certain nombre de règles.

Enfin, ce qui a fait défaut, c'est la volonté politique. On pense d'abord aux divisions entre ceux qui, comme l'Allemagne, étaient favorables à la reconnaissance de l'indépendance slovène et croate et ceux qui, comme la France, restaient fidèle à certaines affinités historiques pro-serbes ou à une certaine idée de l'Etat unitaire [6]. Cette divergence franco-allemande n'a pas cependant amené une véritable rupture car, malgré tout, les deux pays ressentaient l'importance de l'enjeu pour la Communauté et la nécessité de l'impliquer dans la gestion du conflit. Le second clivage au sein de la CE portait précisément sur cette volonté. Il concernait d'un côté ceux qui partaient de l'idée que l'influence extérieure resterait marginale et que, pour reprendre le mot de Bismarck, «la Question d'Orient ne vaut pas les os d'un seul grenadier poméranien»; la non-intervention renvoyait à une lecture «tribale» du conflit. S'appuyant sur son expérience en Irlande du Nord, la Grande-Bretagne en particulier mettait en garde contre l'engrenage, préférant en quelque sorte attendre que les combattants s'épuisent pour que la médiation soit efficace («il faut la paix avant d'envoyer des troupes de maintien de la paix»). L'autre position, défendue par la France et l'Allemagne, consistait, précisément à cause de la cruauté du conflit et des risques de déstabilisation régionale, à prendre l'initiative non seulement

---

[6] Les sympathies historiques entre la France et la Serbie, qui remontent à la Première Guerre mondiale, et l'idée que l'indépendance de la Slovénie et de la Croatie contribuait à la reconstitution d'une *Mitteleuropa* comme sphère d'influence allemande expliquent l'indulgence de Paris à l'égard de Belgrade. La France a été à la fois victime de sa crainte de l'Allemagne et d'une inquiétude jacobine: un double piège de son histoire.

au nom du « devoir d'ingérence » humanitaire, mais pour, à l'heure de Maastricht, saisir l'occasion de faire progresser l'Europe sur la voie d'une politique étrangère et de sécurité commune.

Européanisation ou balkanisation

Les deux positions renvoient à la distinction entre maintien de la paix *(peace-keeping)* et construction de la paix *(peace-building)*. Les Britanniques ont fait valoir que la participation européenne aux opération de maintien de la paix présupposait l'existence de cette paix. Les partisans d'une politique plus interventionniste insistaient sur la nécessaire contribution extérieure à la construction de la paix. Dans le cas yougoslave les deux types d'opérations vont devoir coexister : les forces de la FORPRONU stationnées sur la ligne de cessez-le-feu en Croatie et à Sarajevo et les forces qui, conformément à la résolution 770 de l'ONU votée le 13 août 1992, pourront accompagner l'aide humanitaire.

L'humanitaire qui, dans un premier temps, a semblé servir d'alibi à l'absence de politique, a ensuite tiré le politique vers l'interventionnisme. Là encore, la crise yougoslave est un laboratoire pour les relations internationales de l'après-communisme : comment concilier « droit d'ingérence » et souveraineté des Etats, morale et politique ?

Laboratoire pour les politiques, guêpier pour les militaires. En Europe comme aux Etats-Unis, ils ont mis en garde contre les risques d'enlisement et l'ampleur des moyens à déployer. On craignait de part et d'autre de l'Atlantique un engagement de longue durée sans garantie de succès. Ce qui conditionne, surtout en année électorale, l'éventualité d'un engagement américain, c'est la possibilité d'une opération éclair du type «*fight them and forget them*» comme à Panama, à la Grenade ou au Koweït.

Un triple problème était posé quant à l'éventualité d'une intervention militaire. D'abord qui est censé en prendre l'initiative et la responsabilité ? La paix impériale n'étant plus de mise et en l'absence d'une puissance régionale hégémonique, restait les organisations internationales. Celles-ci, face à la guerre en Bosnie au printemps-été 1992, se sont renvoyé la balle : les pays de la CEE sollicitant l'ONU qui à son tour, une fois les deux résolutions (770 et 771) adoptées, lançait un appel aux Européens, à l'OTAN, l'UEO ou la CEE. Cela au nom de deux arguments. Le premier c'est que, dans l'après-guerre froide, l'ONU, de plus en plus sollicitée par la prolifération de conflits locaux, devra «sous-traiter» ses opérations aux organisations régionales. D'ailleurs, fit valoir le Secrétaire général Boutros-Ghali, au nom de quoi privilégier l'engagement de l'ONU dans une «guerre de riches» alors que, dans le Tiers Monde, d'autres conflits (comme en Somalie) sont négligés ?

Le second problème était celui des modalités d'une éventuelle intervention militaire. Pour éviter les risques d'enlisement d'une opération sur le terrain, certains ont préconisé une intervention aérienne contre des cibles militaires serbo-yougoslaves coupant les milices serbes en Bosnie de leurs arrières et contraignant ainsi Belgrade à modérer ces dernières.

Mais, une fois le but humanitaire atteint (protéger les populations civiles, obtenir l'accès aux camps de détention), comment favoriser une solution de paix ? Suffira-t-il de garder des lignes de cessez-le-feu ? Ce serait entériner l'annexion par la Serbie d'une partie de la Croatie et de la Bosnie et préparer ainsi, tôt ou tard, une guerre de revanche. Tirant les leçons de l'expérience irakienne (victoire militaire, mais maintien de Saddam Hussein au pouvoir), les pays occidentaux devraient privilégier l'objectif politique : œuvrer au renversement de Milošević pour aider ensuite l'opposition démocratique serbe à trouver un accord avec ses voisins sur la base des frontières antérieures au conflit, qui ne pourraient être modifiées que par consentement mutuel. Ce serait pour les démocraties agir en conformité avec leurs principes : apporter dans l'ex-Yougoslavie l'aide à ceux qui reconnaissent le primat des droits de l'homme et du citoyen sur la « pureté ethnique », aider ceux qui sont prêts à accorder aux autres ce qu'ils réclament pour eux-mêmes (droits des minorités). Enfin et surtout, il s'agit d'empêcher qu'une guerre de conquête puisse réussir en Europe. Car ce serait l'échec des espoirs de la révolution démocratique de 1989, mais aussi de la nouvelle architecture européenne en gestation.

Ce qui est en train de s'écrouler, c'est non seulement le monde de Yalta, mais aussi celui de Versailles. La Yougoslavie n'existe plus, la Tchécoslovaquie, en instance de divorce à l'amiable, va disparaître. Combien de temps la Hongrie, pour ne nommer qu'elle, acceptera-t-elle le *statu quo* ? La crise yougoslave ouvre une ère de ruptures et de conflits qui menace la stabilité de l'Europe centrale et orientale post-communiste. Mais au-delà, elle pose un défi à l'Europe, notamment à la Communauté européenne, seul pôle de référence démocratique et stable, seule force d'intégration à l'Ouest face aux processus de désintégration à l'Est. L'enjeu de l'après-Yougoslavie c'est, pour paraphraser Harold Nicholson, européaniser les Balkans pour éviter la balkanisation de l'Europe.

Repères chronologiques

VIIe siècle	Arrivée des Slaves sur le territoire de la future Yougoslavie.
IXe-XIe siècles	Développement du Royaume indépendant de Croatie, notamment sous Trpimir (*Dux croatorum* 845-864) et Tomislav (*Rex croatorum* en 925).
IXe-XIVe siècles	Rivalités gréco-bulgares en Macédoine : plusieurs partages successifs.
Xe siècle	Première unification des Serbes par Časlav, sous la suzeraineté de Byzance.
1102	*Pacta conventa* : le roi de Hongrie et les princes croates instaurent l'union personnelle perpétuelle hungaro-croate.
XIIe siècle	Début de la suzeraineté hongroise sur la Bosnie.
XIIe-XIVe siècles	Développement du royaume de Serbie, notamment sous Etienne Nemanja (1167-1196) et Dušan le Grand (1331-1355) (dynastie des Nemanjides).
1278	Conquête des pays slovènes par les Habsbourg.
1389	15 juin : Victoire des Turcs sur les Serbes à la bataille de Kosovo Polje. Cette date marque le début de vagues d'émigration serbes vers le nord.

1409	Ladislas de Hongrie, roi de Croatie, vend la Dalmatie à Venise.
1430	Achèvement de la conquête turque de la Macédoine. Forte colonisation turque sur les meilleures terres. La partie occidentale du territoire est peu à peu occupée par des Albanais. A partir du XVIe siècle, les Grecs restés maîtres du commerce urbain y sont concurrencés par les Juifs expulsés d'Espagne.
1459, 1463, 1482	La Serbie, la Bosnie, l'Herzégovine deviennent provinces turques.
1493	Invasion de la Croatie orientale par les Turcs.
XVIe siècle	La noblesse bosniaque (et par suite ses serfs), de tradition bogomile depuis la fin du XIIe siècle, se convertit à l'islam.
1521	Prise de Belgrade par les Turcs.
1526	Défaite de Louis II de Hongrie et de Croatie devant les Turcs à Mohács.
1527	Election de Ferdinand de Habsbourg comme roi de Croatie par la Diète croate.
1630	Codification par l'Autriche des droits et devoirs des habitants de la *Vojna Krajina* (confins militaires), bande de territoire croate placée directement sous l'autorité de l'Empereur. Cette zone, qui s'est dépeuplée, depuis un siècle, de ses Croates fuyant les pillages et les guerres, a vu s'installer à leur place des Serbes qui ont fui les Turcs et qui protègent l'Empire contre ces derniers.
1699	Traité de Karlowitz : la Croatie et la Hongrie sont rendues aux Habsbourg.
1804-1813	Insurrection serbe contre les Turcs, menée par Karageorges, et sa défaite.
1809-1813	La Slovénie et une grande partie de la Croatie forment les Provinces illyriennes directement rattachées à l'empire français.
1815-1848	Détérioration des rapports hungaro-croates, du

	fait notamment de la politique de magyarisation menée par la Hongrie. Montée du nationalisme croate.
1815	Seconde insurrection serbe contre les Turcs, menée par Miloch Obrénovitch. Annexion des Provinces illyriennes par l'Autriche.
1821, 1828, 1831	Soulèvements contre les Turcs en Bosnie-Herzégovine.
1830	Autonomie de la Serbie.
1844	Ilija Garašanin, conseiller des Karageorgévitch, rédige son « Programme pour la politique extérieure » ou *Načertanje,* dans lequel il prône une Grande Serbie qui regrouperait autour d'elle les autres Slaves du sud.
1848	Révolution hongroise, écrasée par les Habsbourg avec l'aide du ban de Croatie Josip Jelačić. Le 8 mars, grande assemblée du mouvement national croate qui présente un « programme révolutionnaire » demandant l'unification politique de toutes les provinces croates de l'empire austro-hongrois.
1850	Accord de Vienne entre écrivains serbes et croates sur l'existence d'une langue unique, le serbo-croate, ses deux composantes ne se distinguant que par leur alphabet.
1861	Fondation du Parti croate du droit, revendiquant l'union de tous les Croates de l'Empire et leur autodétermination.
1866-1868	Elaboration d'un programme « yougoslave » par l'évêque croate Josip Juraj Strossmayer.
1868	Accord hungaro-croate qui réaffirme l'autonomie croate par rapport à la Hongrie.
1870	Tenue du premier Congrès yougoslave à Ljubljana. Les Slovènes se prononcent pour la première fois en faveur d'une unification avec les autres Slaves du sud.

1876-1877	A la suite du soulèvement (1875) des Serbes d'Herzégovine, guerre de la Serbie contre les Turcs.
1878	Le traité de Berlin signé par les grandes puissances reconnaît définitivement l'indépendance de la Serbie et autorise l'occupation austro-hongroise de la Bosnie-Herzégovine.
1881	Suppression des Confins militaires. Fondation des premiers partis serbes : Parti radical, Parti progressiste, Parti libéral.
1885	Guerre serbo-bulgare.
1890-1900	Fondation des premiers partis slovènes : Parti populaire, Parti progressiste, Parti socialiste.
1893	Constitution clandestine, à Salonique, du VMRO, Organisation révolutionnaire macédonienne de l'intérieur, qui prône « la Macédoine aux Macédoniens » et une fédération balkanique.
1904	Formation du Parti paysan croate.
1905	Formation en Croatie de la Coalition serbo-croate, qui réunit plusieurs partis politiques croates et serbes et œuvre à l'union et l'indépendance des Slaves du Sud. Elle remporte les élections de 1906.
1908	Annexion de la Bosnie-Herzégovine par l'Autriche-Hongrie, qui crée trois collèges électoraux (musulmans, catholiques, orthodoxes) pour l'élection d'un parlement sans représentation centrale à Vienne.
1912	Première guerre des Balkans (Serbie, Bulgarie, Monténégro et Grèce contre la Turquie).
1913	Seconde guerre des Balkans (Serbie, Grèce, Bulgarie) terminée par le traité de Bucarest (10 août) : partage de la Macédoine.
1914	L'attentat de Sarajevo (assassinat le 28 juin de l'archiduc François-Ferdinand, héritier du trône des Habsbourg, par un nationaliste serbe) entraîne

le déclenchement de la Première Guerre mondiale.

1915 *30 avril*, formation du Comité yougoslave, composé d'une vingtaine d'hommes politiques serbes, croates et slovènes en exil, qui préparent la création d'un Etat yougoslave.

1917 Les dirigeants croates et slovènes demandent au Parlement autrichien l'union de toutes les provinces slaves du sud de l'Empire au sein d'un Etat souverain sous le sceptre des Habsbourg.
20 juillet, « Déclaration de Corfou » par le Premier ministre serbe et le président du Comité yougoslave, affirmant que les Serbes, les Croates et les Slovènes constituent une nation et demandant l'union sous forme d'une monarchie constitutionnelle, démocratique et parlementaire.

1918 *29 octobre*, la Diète croate proclame la séparation d'avec l'Autriche-Hongrie. *1er décembre*, proclamation à Belgrade du Royaume des Serbes, des Croates et des Slovènes par le régent Alexandre.

1919 Création de l'Organisation musulmane yougoslave et du Parti communiste yougoslave.

1921 Première constitution du nouvel Etat yougoslave.

1928 *20 juin*, assassinat au parlement de Belgrade des députés croates Stjepan Radić, Paul Radić et Georges Basariček par le député monténégrin Puniša Račić.

1929 *6 janvier*, suspension de la constitution, début de la dictature royale. Le royaume prend le nom de Yougoslavie.

1931 Constitution octroyée.

1932 Fondation de l'Organisation révolutionnaire croate (oustachie) par Ante Pavelić.

1934 *9 octobre*, assassinat à Marseille du roi Alexandre et du Premier ministre français Paul Barthou par des terroristes macédoniens liés aux oustachis. Début de la régence du prince Paul.

1935	Elections législatives. Début des négociations entre le régent et l'opposition croate.
1937	Formation de l'Opposition unie (alliance du Parti paysan croate et des Démocrates serbes). Tito devient secrétaire général du PC.
1938-1939	Elections législatives et formation du gouvernement Cvetković. Signature du compromis serbo-croate Cvetković-Maček assurant une autonomie aux Croates.
1941	*Mars,* signature par la Yougoslavie du Pacte tripartite ; avènement de Pierre II. *Avril,* invasion de la Yougoslavie par les forces de l'Axe, capitulation et début de l'occupation italo-allemande ; proclamation de l'« Etat indépendant de Croatie » par Ante Pavelić, reconnu par Hitler et Mussolini, et début des exactions contre les minorités (Serbes, Tsiganes, Juifs). *Mai-juin,* début de la résistance des Tchetniks et des Partisans.
1942	*Août*, création à Bihac (Bosnie) du Conseil populaire antifasciste de libération yougoslave (AVNOJ).
1943	Seconde session de l'AVNOJ à Jajce (Bosnie) qui définit la structure fédérale et les principes communistes de la future Yougoslavie.
1944	Libération de Belgrade par les Partisans et l'Armée rouge.
1945	Election d'une Assemblée constituante bicamérale. Proclamation de la République populaire fédérative. La première constitution communiste est adoptée en janvier 1946 (deuxième constitution, 1953 ; troisième, 1963).
1968	Emeutes au Kosovo. Manifestations étudiantes à Ljubljana, Zagreb et Belgrade.
1971	« Printemps croate » et sa répression.
1974	Quatrième et dernière constitution. Tito président à vie.

1980	Mort de Tito.
1981	Emeutes au Kosovo.
1983	Des mouvements politiques nouveaux apparaissent en Slovénie.
1986	Mémorandum de l'Académie des sciences de Serbie dénonçant comme antiserbe le découpage des républiques par Tito et affirmant que des menaces pèsent sur les Serbes au Kosovo et dans les autres républiques. Début de l'agitation serbe à propos du Kosovo dans tout le pays.
1987	Destitution d'une série de hauts responsables en Serbie. A la fin de l'année, Slobodan Milošević dispose de tout le pouvoir dans cette république.
1988	Manifestations contre l'armée en Slovénie (mai). A la suite de pressions serbes, les dirigeants de Voïvodine (octobre), puis du Kosovo (novembre) doivent démissionner.
1989	Fondation de différents partis et mouvements : plusieurs partis slovènes, Ligue démocratique du Kosovo, Parti démocrate de Serbie, Communauté démocratique croate (HDZ), etc. *Janvier-mars,* constitution du gouvernement fédéral Marković ; grèves et émeutes au Kosovo ; réforme de la constitution serbe réduisant l'autonomie de la Voïvodine et du Kosovo. *28 juin,* célébration du 6e centenaire de la bataille de Kosovo Polje par un million de Serbes. *Septembre-décembre,* en Slovénie, abolition du rôle dirigeant du parti et légalisation du pluralisme politique.
1990	*Janvier,* légalisation du pluralisme en Croatie ; dernier congrès de la Ligue des communistes de Yougoslavie, abandon du rôle dirigeant du parti. *Avril-décembre,* premières élections libres dans les différentes républiques : Slovénie (avril), Croatie (avril-mai), Bosnie-Herzégovine, Macédoine, Serbie, Monténégro (novembre-décembre). *Juillet,* les députés du Kosovo réunis clandestine-

ment déclarent la séparation d'avec la Serbie et sont révoqués par l'Assemblée serbe.
Septembre, nouvelle constitution en Serbie : régime présidentiel et réduction de l'autonomie des deux provinces ; référendum sur l'autonomie des Serbes de Croatie et premiers incidents entre Serbes et Croates à Knin.
Décembre, référendum sur l'indépendance en Slovénie.

1991 *Mars,* première manifestation de l'opposition unie à Belgrade ; premiers incidents mortels entre Serbes et Croates à Plitvice.
Mai, référendum sur l'indépendance en Croatie.
Juin, la Slovénie et la Croatie proclament l'indépendance. L'armée fédérale intervient en Slovénie.
7 juillet, accord de Brioni, après médiation européenne : moratoire de 3 mois sur l'indépendance slovène et croate, évacuation de la Slovénie par l'armée fédérale, élection de Stipe Mesić (Croate) à la présidence fédérale.
Août, attaques massives de l'armée fédérale en Croatie (début du siège de Vukovar) ; licenciement de 6 000 enseignants albanais au Kosovo.
Septembre, ouverture à La Haye de la conférence de paix proposée par la CEE, constitution de la commission d'arbitrage européenne ; référendum sur l'indépendance en Macédoine ; proclamation de régions autonomes serbes en Bosnie-Herzégovine ; référendum clandestin sur la souveraineté au Kosovo. Le 25, résolution 713 du Conseil de sécurité des Nations unies décidant un embargo sur les armes à destination de la Yougoslavie.
Octobre, le « bloc serbe » (Serbie-Monténégro) s'empare de la présidence fédérale. Désignation de Cyrus Vance comme envoyé spécial et médiateur par les Nations unies. Bombardement du palais présidentiel à Zagreb et blocus des ports de Croatie (début du siège de Dubrovnik) ; proclamation de souveraineté par le parlement de Bosnie, référendum clandestin sur l'autonomie des musulmans au Sandjak (Serbie).

Novembre, limogeage d'Ante Marković ; chute de Vukovar.
Décembre, l'Allemagne reconnaît la Slovénie et la Croatie.

1992 *Janvier,* acceptation par les gouvernements serbe et croate de l'envoi de casques bleus ; 15e cessez-le-feu et réduction sensible des combats en Croatie ; résolution 727 du Conseil de sécurité sur l'envoi d'observateurs militaires ; référendum sur l'autonomie des Albanais de Macédoine ; rapport de la commission d'arbitrage de la CE : la Yougoslavie est un Etat « en voie de dissolution » ; reconnaissance de la Slovénie et de la Croatie par la CE et de nombreux Etats.
Février, résolution 743 du Conseil de sécurité : création d'une force de 14 000 casques bleus, la FORPRONU, qui sera déployée en Croatie mais dont le QG sera à Sarajevo ; référendums en Bosnie-Herzégovine sur l'indépendance, au Monténégro sur le maintien au sein de la Yougoslavie, en Serbie (clandestin) sur l'autonomie des communes musulmanes.
Mars, conférence à Bruxelles sur l'avenir de la Bosnie-Herzégovine : discussions sur la constitution de « cantons » ethniquement homogènes.
Avril, déploiement de la FORPRONU en Croatie ; reconnaissance de la Bosnie-Herzégovine par la CEE, de la Slovénie, de la Croatie et de la Bosnie-Herzégovine par les Etats-Unis ; proclamation d'une République serbe autonome de Bosnie-Herzégovine et de la République fédérale de Yougoslavie (Serbie et Monténégro) ; les Etats-Unis proposent l'exclusion de la Yougoslavie de la CSCE ; combats et bombardements à Sarajevo.
Mai, le gouvernement de Bosnie-Herzégovine demande une intervention militaire étrangère ; en Serbie, remaniements à la tête de l'armée, élimination des derniers éléments non serbes ; sanctions diplomatiques de la CEE contre la Serbie et rappel de l'ambassadeur américain à Belgrade ; Slovénie, Croatie et Bosnie-Herzégovine sont admises à l'ONU ; élection clandestine au Kosovo : Ibrahim

Rugova est élu président; résolution 752 du Conseil de sécurité: embargo commercial, pétrolier et aérien contre la Serbie et le Monténégro; le QG de la FORPRONU quitte Sarajevo.
Juin, le Conseil de sécurité décide d'envoyer un millier de casques bleus à Sarajevo pour protéger l'aéroport; la présidence collégiale de Bosnie-Herzégovine proclame l'état de guerre et la mobilisation générale.
Juillet, l'UEO et l'OTAN décident de mettre en place dans l'Adriatique un dispositif de surveillance de l'embargo décidé par l'ONU.
Août, confirmation et condamnation internationale, notamment par la Croix Rouge, de l'existence de camps de détention et de transferts de populations civiles à des fins de «purification ethnique» en Bosnie-Herzégovine; résolutions 770 et 771 du Conseil de sécurité de l'ONU autorisant l'usage de la force pour protéger les convois humanitaires en Bosnie-Herzégovine; ouverture de la conférence de Londres réunissant toutes les parties de l'ex-Yougoslavie.

Bibliographie

Alexander (Stella). – *Church and State in Yugoslavia since 1945,* Cambridge, Cambridge University Press, 1979.

Banac (Ivo). – *The National Question in Yugoslavia: origins and History,* Ithaca, Cornell University Press, 1984.

Beloff (Nora). – *Tito's Flawed Legacy,* Londres, Golanz, 1985.

Castellan (Georges). – *Histoire des Balkans,* Paris, Fayard, 1991.

Djilas (Milovan). – *Une guerre dans la guerre, La révolution de Tito,* Paris, Laffont, 1980.

Djilas (Aleksa). – *The Contested Country: Yugoslav Unity and the Communist Revolution,* Cambridge (Mass.), Harvard University Press, 1991.

Garde (Paul). – *Vie et mort de la Yougoslavie,* Paris, Fayard, 1992.

Popovic (Alexandre). – *L'Islam balkanique,* Berlin-Wiesbaden, Harassowitz, 1988.

Pavlowitch (Stevan K.). – *Yugoslavia,* New York, Praeger, 1971.

– *The Improbable Survivor, Yugoslavia and its Problems 1918-1988,* Londres, Hurst, 1988.

Numéros spéciaux de revues

« Yougoslavie : la fédération menacée », *Problèmes politiques et Sociaux* n° 645, 7 décembre 1990.

« Balkans et balkanisation », *Hérodote,* n° 63, 1991.

« La tragédie Yougoslave vue de l'intérieur et par ses voisins post-communistes », *La Nouvelle Alternative,* n° 25, mars 1992.

« Vers un retour des guerres balkaniques », *Politique Etrangère,* n° 2/1992.

EDITIONS COMPLEXE

la mémoire du siècle

collection dirigée par André Versaille

1. **GERARD CHALIAND et YVES TERNON**
1915-1917, LE GENOCIDE DES ARMENIENS

2. **HENRI MICHEL**
1939, LA DEUXIEME GUERRE MONDIALE COMMENCE

3. **MARC FERRO**
1917, L'OCCIDENT
DEVANT LA REVOLUTION SOVIETIQUE

4. **FRED KUPFERMAN**
1944-1945, LE PROCES DE VICHY :
PUCHEU, PETAIN, LAVAL

5. **OLIVIER CARRE**
1970, SEPTEMBRE NOIR
Refus arabe de la résistance palestinienne

6. **HENRI MICHEL**
1944, LA LIBERATION DE PARIS

7. **PIERRE BROUE**
1940, L'ASSASSINAT DE TROTSKY

8. **KAREL KAPLAN**
1952, PROCES POLITIQUES A PRAGUE

9. **HENRI ARVON**
1921, LA REVOLTE DE CRONSTADT

10. **ROLAND LEW**
1949, MAO PREND LE POUVOIR

11. **MICHEL LAUNAY**
1919, VERSAILLES, UNE PAIX BACLEE ?
Le XXe siècle est mal parti

12. **FRANÇOIS FEJTO**
1956, BUDAPEST, L'INSURRECTION
La première révolution anti-totalitaire

13. **JEAN-PIERRE RAGEAU**
PRAGUE 48
Le rideau de fer s'est abattu

14. **YVES TERNON**
1917-1921, MAKHNO, LA REVOLTE ANARCHISTE

15. **PAVEL TIGRID**
1953-1981, REVOLTES OUVRIERES A L'EST

16. GEORGES GORIELY
1933, HITLER PREND LE POUVOIR

17. GORDON GOLDING
1925, LE PROCES DU SINGE
La Bible contre Darwin

18. ARTHUR FUNK
1945, DE YALTA A POTSDAM
Des illusions à la guerre froide

19. CLAUDE DELMAS
COREE 1950
Paroxysme de la guerre froide

20. JEAN-PIERRE ALEM
1917, LA DECLARATION BALFOUR
Aux sources de l'Etat d'Israël

21. ALEXANDRA KWIATKOWSKA-VIATTEAU
1940-1943, KATYN
L'armée polonaise assassinée

22. PIERRE DAIX
1964, L'AVENEMENT DE LA NOMENKLATURA
La chute de Khrouchtchev

23. FRED KUPFERMAN
1917, MATA-HARI
Songes et mensonges

24. MARC FERRO
1956, SUEZ
Naissance d'un Tiers-Monde

25. JEAN-MARIE BROHM
1936, JEUX OLYMPIQUES A BERLIN

26. PAUL DUMONT
1923, MUSTAPHA KEMAL
Invente la Turquie moderne

27. ANDRE KASPI
1974, LE WATERGATE
La démocratie à l'épreuve

28. RENE REMOND
1958, LE RETOUR DE DE GAULLE

29. ADELIN GUYOT et PATRICK RESTELLINI
1933-1945, L'ART NAZI
Un art de propagande
Préface de Léon Poliakov

30. MAURICE VAISSE
1961, ALGER, LE PUTSCH

31. CLAUDE DELMAS
1961-1962, CRISES A CUBA

32. MARIE-FRANCE TOINET
1947-1957, LA CHASSE AUX SORCIERES

33. JEAN RABAUT
1914, JAURES ASSASSINÉ

34. HELENE CARRERE D'ENCAUSSE
1956, LA DESTALINISATION COMMENCE

35. ALEXANDRA KWIATKOWSKA-VIATTEAU
1944, VARSOVIE INSURGEE

36. MOHAMMED HARBI
1954, LA GUERRE COMMENCE EN ALGERIE

37. JEAN LACOUTURE
1962, ALGERIE, LA GUERRE EST FINIE

38. CHAPOUR HAGHIGHAT
1979, IRAN, LA REVOLUTION ISLAMIQUE

39. FRANÇOIS BEDARIDA
1940, LA BATAILLE D'ANGLETERRE

40. ANNE DE TINGUY
1972, USA-URSS, LA DETENTE

41. FRANÇOIS-XAVIER COQUIN
1905, LA REVOLUTION RUSSE MANQUEE

42. CLAUDE DELMAS
1945, LA BOMBE ATOMIQUE

43. JACQUES VANDERLINDEN
1959-1960, LA CRISE CONGOLAISE

44. PIERRE ASSOULINE
1944-1945, L'EPURATION DES INTELLECTUELS

45. ANNE-MARIE LE GLOANNEC
1961, UN MUR A BERLIN

46. JOEL et DAN KOTEK
1948, L'AFFAIRE LYSSENKO

47. EMILE TEMIME
1936, LA GUERRE D'ESPAGNE COMMENCE

48. NICOLAS WERTH
1936-1938, LES PROCES DE MOSCOU

49. ALAIN GRESH et DOMINIQUE VIDAL
PALESTINE 47, UN PARTAGE AVORTÉ

50. PIERRE GERBET
1957, LA NAISSANCE DU MARCHE COMMUN

51. LILLY MARCOU
1947, LA GUERRE FROIDE : L'ENGRENAGE

52. ANDRE KASPI
ETATS-UNIS 68
L'année des contestations

53. ANNETTE WIEVIORKA
1961, LE PROCES EICHMANN

54. ANAHIDE TER MINASSIAN
1918-1920, LA REPUBLIQUE D'ARMENIE

55. PIERRE HAZAN
1967, LA GUERRE DES SIX JOURS

56. CLAUDE DELMAS
1941, PEARL HARBOR
La guerre devient mondiale

57. JACQUES LEVESQUE
1979-1989, L'URSS EN AFGHANISTAN
De l'invasion au retrait

58. CATHERINE HODEIR et MICHEL PIERRE
1931, L'EXPOSITION COLONIALE

59. YVES TERNON
1906-1916, RASPOUTINE
Une tragédie russe

60. ALAIN RUSCIO
1945-1954, LA GUERRE FRANÇAISE D'INDOCHINE

201. CLAUDE MOSSE
-399, LE PROCES DE SOCRATE

202. ERIC VIBART
1767-1797, TAHITI
Naissance d'un paradis au siècle des Lumières

203. JEAN-PAUL BERTAUD
1799, BONAPARTE PREND LE POUVOIR
La République meurt-elle assassinée?

204. ROLAND MARX
1888, JACK L'EVENTREUR
et les fantasmes victoriens

205. JANINE GARRISSON
1572, LA SAINT-BARTHELEMY

206. PAUL M. MARTIN
-44, TUER CESAR!

207. GUY CHAUSSINAND-NOGARET
1789, LA BASTILLE EST PRISE
La Révolution française commence

208. MICHEL VOVELLE
1793-1794, LA REVOLUTION CONTRE L'EGLISE
De la Raison à l'Etre suprême

209. CLAUDE PETITFRERE
1784, LE SCANDALE DU MARIAGE DE FIGARO
Prélude à la Révolution française?

210. PASCAL ORY
1889, L'EXPO UNIVERSELLE

211. FRANÇOISE BRUNEL
1794, THERMIDOR

212. JACQUES GUILHAUMOU
1793, LA MORT DE MARAT

213. ARLETTE LEBIGRE
1679-1682, L'AFFAIRE DES POISONS

214. JEAN MEYER
1638, LA NAISSANCE DE LOUIS XIV

215. DANIEL DESSERT
1661, LOUIS XIV PREND LE POUVOIR
Naissance d'un mythe?

216. PIERRE DARMON
1774, LA VARIOLE, LES NOBLES ET LES PRINCES
La petite vérole mortelle de Louis XV

217. CATHERINE SALLES
-73, SPARTACUS ET LA REVOLTE DES GLADIATEURS

218. LUCIEN POZNANSKI
70, LA CHUTE DU TEMPLE DE JERUSALEM

219. JACQUES HEERS
1492, LA DECOUVERTE DE L'AMERIQUE

220. ELISE MARIENSTRAS
1890, WOUNDED KNEE
OU L'AMERIQUE FIN DE SIECLE

221. JEAN FLORI
1095-1099, LA PREMIERE CROISADE
Aux origines de l'idéologie contemporaine

222. JACQUES HEERS
1492-1530, LA RUEE VERS L'AMERIQUE
Le mirage et les fièvres

223. JEAN-MICHEL CROISILLE
59, NERON TUE AGRIPPINE

224. FRANK ATTAR
1792, LA REVOLUTION FRANÇAISE DECLARE LA GUERRE A L'EUROPE

espace international

1. **ELIZABETH PICARD e.a.**
LA QUESTION KURDE

2. **JEAN-MARIE BOUISSOU, GUY FAURE, ZAKI LAÏDI**
L'EXPANSION DE LA PUISSANCE JAPONAISE

3. **DIDIER BIGO e.a.**
L'EUROPE DES POLICES
ET DE LA SECURITE INTERIEURE

4. **DENIS-CONSTANT MARTIN e.a.**
SORTIR DE L'APARTHEID

5. **JACQUES RUPNIK e.a.**
DE SARAJEVO A SARAJEVO
L'échec yougoslave

Achevé d'imprimer
en octobre 1992
sur les presses
de l'imprimerie Campin
en Belgique (CEE)

ISBN 2-87027-466-1
D/1638/1992/43

SA Diffusion Promotion Information
24, rue de Bosnie
1060 Bruxelles

n° 480